Ulrich Beer

Lebenskunst und Lebensfreude

W0090168

Ulrich Beer

Lebenskunst
und
Lebensfreude

Ein kleines ABC

echter

Die Deutsche Bibliothek – CIP-Einheitsaufnahme

Beer, Ulrich:
Lebenskunst und Lebensfreude / Ulrich Beer. – Würzburg : Echter,
2002
    ISBN 3-429-02404-8

© 2002 Echter Verlag GmbH
Umschlag: Peter Hellmund (Foto: Superstock)
Druck und Bindung: Clausen & Bosse GmbH, Leck
ISBN 3-429-02404-8

Inhalt

Vorwort

Lebenskünstler – wer möchte es nicht sein? Bin ich einer, sind Sie einer? Auch wenn man wie ich sieben Jahrzehnte über diese bewegte Erde gestolpert ist, hat man allenfalls das ABC der Lebenskunst erfaßt und hört nicht auf, zu üben und zu lernen.

Jeder Tag ist neu und das Leben ein immer junges Abenteuer. Wie alt muß man werden, um vor Überraschungen sicher zu sein?

Immer neue Anfänge locken zum Aufbruch, aber die Strecke wird kürzer, die Rückblicke werden häufiger.

So soll dieses Buch der Versuch sein, rückblickend festzuhalten, was das Leben lehrt und was festzuhalten sich lohnt. Und dennoch soll es kein XYZ, kein definitiver Abschluß und kein Sarkophag der Lebensweisheit sein, der zwischen diesen Buchdeckeln eingeschlossen ist.

Der Autor, der sich gelegentlich unfreiwillig, wenn auch nicht unwillig, zum Lebensberater der Nation ernannt sah, möchte – dem Buchtitel entsprechend in alphabetischer Folge – rund fünfzig Tips zum Leben, ja zum Besserleben, in knappen Kapiteln festhalten und denen weitergeben, denen das Leben, ja die Kunst des Lebens wichtig ist. So buchstabieren Sie, liebe Leserin, lieber Leser, sich mit mir durch das Leben, und auch wenn Sie manches nicht annehmen oder gar übernehmen wollen, nehmen Sie es mit Nachsicht auf als eine Mischung von eigener Erfahrung, psychologischem Wissen und persönlichem Bekenntnis.

Ulrich Beer

Aktivität

Aktivität ist ein vitales Grundbedürfnis des Menschen, und zwar in körperlicher, seelischer und geistiger Hinsicht: Wir müssen in Bewegung sein, etwas vorhaben, was uns regsam bleiben läßt. Damit meine ich nicht Fitneßprogramme und sportliche Rekorde, nicht einmal die von Ärzten verordneten zwanzig oder dreißig Liegestütze oder Kniebeugen, sondern jedes freiwillige und freudige Tun, durch das wir uns in Bewegung halten und spüren, daß wir leben. Aktivität ist eine Grundeigenschaft des Lebens, und das einfachste Erkennungszeichen unserer Lebendigkeit ist die Tatsache, daß wir uns in irgendeiner Form bewegen.

Das Gegenteil ist Passivität: bewegungslos ruhen, aufnehmen – etwa die Sonnenstrahlen am Strand, das Fernsehprogramm im Sessel, das Bier aus der Flasche. Passivität in dieser Form ist eine der größten Gefahren der totalen Versorgungs- und Konsumgesellschaft. Je kürzer unsere berufliche Aktivität – gemessen an den Wochenarbeitsstunden – wird, desto länger wird zwangsläufig die sogenannte Freizeit und damit die Verführung zur Passivität. Und je kürzer die Lebensarbeitszeit dauert, um so eher wird der Mensch aus dem aktiven Leben in den »wohlverdienten Ruhestand« versetzt, also in eine vorgezeichnete Passivität. Alter, wie es bei uns verstanden wird, ist kein Aktivposten, sondern ein Passivposten, der Lehnstuhl das passende Attribut. Dort hat man gefälligst zu verweilen und der Ruhe zu pflegen. Genau diese Passivität aber ist destruktiv, fördert den Alterungsprozeß, erzeugt Depressionen und das Gefühl, überflüssig zu sein.

Das Kind ist noch ganz spontan aktiv, es hat einen hohen Bewegungsdrang und immer neue Einfälle. Es produziert und phantasiert Spiele und Handlungsabläufe. Später werden wir bequemer, und wenn wir dem nicht entgegentreten, schlafen unsere Aktivitäten ein, unser Horizont verengt sich, unsere Bewegungsorgane, aber auch Geist und Seele werden träge, Herz und Kreislauf leiden, und die Stimmung trübt sich. Dagegen werden meistens bestimmte Programme empfohlen, die den von der Zivilisationskrankheit Passivität Betroffenen auf die Beine bringen sollen.

Dies geschieht hier ausdrücklich nicht, wir wollen vielmehr am Kern ansetzen: an dem natürlichen Drang nach Aktivität und Bewegung. Überlegen Sie sich einmal: Wozu hätte ich Spaß, was würde mich auf Trab und in Schwung bringen? Irgend etwas wird jeder finden; wichtig ist eine Form der Bewegung, an der wir auch seelisch und geistig Anteil haben. Heimsport, Trimm-dich, Jogging und Aerobic hingegen sind Aktivitäten, die im wesentlichen Muskeltraining zum Inhalt haben; sie erinnern an die Mechanik der technischen Welt. Es scheint, als ob sie diese kopierten und als ob der Mensch nun – obwohl er Freizeit hat – aufs neue angetrieben würde, im Takt der Maschinen seine Organe zu bewegen und der davoneilenden Technik nachzulaufen. Diesen Tätigkeiten fehlt die innere Freude, jener behagliche Glanz gemächlicher und schöpferischer Freiheit, der allein geeignet ist, auch dem Komfortverwöhnten Aktivität schmackhaft zu machen. Sicher sind auch hochgesteckte Aktivitätsziele wie Bergsteigen, Skilanglauf oder der Erwerb des Goldenen Sportabzeichens respektabel, aber die Regel werden sie für die meisten Menschen nicht sein.

Wichtig sind die Lust am Bewegungsvollzug, der Genuß am Gefühl, etwas tun zu können, und die Freude am Erreichten. Diese bescheidene Bilanz reicht für die körperliche und seelische Gesundheit meist schon aus. Besonders geeignet sind Tätigkeiten, die den Körper for-

dern, den Geist beanspruchen und die Seele erwärmen
– gleich, ob ich mir einen Fischteich einrichte oder ein
Hobbystübchen ausbaue. Gut ist auch, mit einer Aktivität andere zu begründen, also bei Fertigstellung nicht
erneut zu Passivität verurteilt zu sein, sondern weiterhin – wie beim Hobbyraum – damit zu tun zu haben.
Das gleiche gilt natürlich auch für Vereine, in denen
man als Mensch umfassend gefordert ist und aktiv
bleibt.

In jedem Fall dienen solche Aktivitäten dazu, die Kräfte
in einem gewissen Maße zu beanspruchen und in Aktion zu halten. Nochmals sei betont, diese Aktion muß
umfassend, sie soll nie nur körperlich und nie nur geistig sein. Unser Bildungsbegriff ist viel zu einseitig intellektuell aufnehmend, speziell und stoffbetont. Bildung ist umfassender und viel enger dem benachbart,
was hier mit Aktivität gemeint ist und was auch
Goethe meint, wenn er sagt: »Bildung ist nicht Häufung
von Stoff, sondern aktive Gestaltung des Menschen.«

In diesem Sinne ist Aktivität, soweit sie nicht übertrieben wird und in zwanghaften Aktivismus und Aktionismus übergeht, die beste Vorbeugung gegen Erschlaf-
fung und Altersabfall. Es liegt im Wesen der Sache, daß
Aktivität uns schlecht von außen nahegebracht werden
kann, ebenso wie Massagen unsere trägen Glieder nicht
mobilisieren: Wir müssen sie selbst erbringen und uns
aufraffen, die Freude zu entdecken, die damit verbunden ist.

Wohlgemerkt: Nicht ehrgeizige Ziele und Planungen,
Leistungsergebnisse und Rekorde sollen herausspringen-
gen, sondern die gespürte Lebendigkeit, die unsere
Sinne frisch erhält und uns den Augenblick auskosten
läßt. In diesem Augenblickserleben fallen Glück und
Gesundheit zusammen. Wir vergessen das Gestern und
das Morgen, vergessen, ob wir jung oder alt sind: Wir leben!

Altersbejahung

In der Zeit zwischen dem sechzigsten und achtzigsten Lebensjahr, die wir heute mit so makabren Begriffen wie »Stoppelfeld des Lebens« oder »Wartesaal zum Friedhof« belegt haben, erfand Thomas Edison eine so nützliche Sache wie die Glühbirne. Gustav Heinemann wurde mit siebzig Bundespräsident, Adenauer mit zweiundsiebzig Bundeskanzler. Den zweiten Teil des »Faust« schrieb Goethe, als er zweiundachtzig war. Picasso malte noch mit neunzig, und im gleichen Alter dirigierte Robert Stolz noch Unterhaltungskonzerte. George Bernard Shaw, dem ein Reporter an seinem dreiundneunzigsten Geburtstag sagte, er hoffe, ihn beim hundertsten wieder gesund anzutreffen, antwortete: »Warum nicht? Sie sehen doch noch ganz rüstig aus!« Andere denken mit fünfunddreißig bereits an die Pensionierung und machen sich mit fünfzig daran, das Leben ausklingen zu lassen. Wie entsteht ein solcher Unterschied – Aktivität der jugendlichen Greise auf der einen, Passivität der greisen Jugendlichen auf der anderen Seite? Die Antwort darauf ist gleichzeitig ein Rezept für ein glückliches Alter: Die Menschen kommen, wenn sie älter werden, verstärkt auf Aktivitäten zurück, die sie in der Jugendzeit entwickelt haben. Je mehr man in der Jugend gemacht hat, um so mehr hat man im Alter zu tun. Wer also ein glückliches Alter erleben will – und wer möchte das nicht –, der kann nicht erst mit der Pensionierung die ersten Vorbereitungen treffen – schon allein deshalb nicht, weil immer mehr Menschen damit rechnen können, ein relativ hohes Alter zu erreichen. Leute mit achtzig sind heute ja keine Seltenheit. Soll man fünfzehn Jahre lang Däumchen drehen und sich langweilen?

Die heute weitverbreitete Angst vor dem Alter – jeder möchte alt werden, aber nicht alt sein – ist verständlich; denn noch zu keiner Zeit waren die alten Menschen so in Mansarden und Pflegeheime, so ins Abseits des Lebens gedrängt wie heute. Danach befragt, was ihnen zu dem Begriff »Alter« einfalle, nannten Teilnehmer eines Managerseminars: Abbau, Krankheit, Verfall, Verkalkung, Einsamkeit, Starrsinn, Hilfsbedürftigkeit, Sterben und viele andere, meist auf einen ernsten Mangelzustand hinweisende Begriffe.

Niemand erwähnte, was Alter außerdem noch sein kann: Freizeit, Muße, Sorglosigkeit, Frieden, Glück, Freiheit, Liebhabereien, Interessen, Reisen. Also ist es notwendig, ein neues Verständnis für das Alter zu propagieren und abzukommen von der eingefahrenen Meinung, mit fünfundsechzig sei alles zu Ende. Nirgends steht ja geschrieben, daß die Jugend immer gut, das Alter aber stets schlecht sein muß. Es kann auch umgekehrt sein.

Man sollte sich schon frühzeitig die folgenden Fragen stellen und darauf auch eine Antwort geben: Was erwarte ich vom Alter? Welche Bedürfnisse habe ich in der Zukunft? Wohin gehen meine Neigungen, was will ich noch erreichen? Was möchte ich noch kennenlernen? Was soll der Hauptinhalt meines Lebens sein? Was muß ich für meine Gesundheit tun? Will ich meine Berufsarbeit mit der Pensionierung beenden? Möchte ich früher aufhören zu arbeiten oder länger arbeiten? Wünsche ich mir einen speziellen Altersberuf? Es sind finanzielle Fragen zu stellen, außerdem Fragen zu Wohnung und Versicherung, zu Gesundheit und Ernährung, zu Hobbys und Aktivitäten – und vor allem auch dazu, mit wem man im Alter in Kontakt bleiben möchte. Ein Mensch, der glücklich sein und bleiben will, muß etwas vorhaben, er muß sich auf etwas freuen können. Ein Kind, das keine Hoffnung hat, ist mehr Greis als ein alternder Mensch, der von der Zukunft noch etwas erwartet.

Entscheidend ist also der Kampf gegen die Passivität, gegen den Eindruck, das Alter sei eine Sackgasse und nicht auch eine Erweiterung der Möglichkeiten.

Anerkennung

In einer Zeit, in der alles zu haben ist, leiden dennoch viele Menschen an dem Mangel an Anerkennung. Wir müssen beginnen, uns zu akzeptieren, uns den größten Stellenwert in unserem Leben zu geben. Ich ändere mich – und nicht andere. Der eigene Umgang mit Menschen, die genauso die Absicht haben, glücklich und erfolgreich zu werden, beginnt mit einer Unterlassung: Ich verzichte darauf, das Verhalten anderer Menschen zu beeinflussen, sie ändern zu wollen und dies als Vorbedingung für eigenes Glück zu betrachten.

Aber: Wer andere anerkennt, wird auch selbst anerkannt, und wer anderen Respekt bezeugt, der hat es auch leichter, selbst Respekt zu erfahren. Wir sollten realistisch einkalkulieren, daß wir auf die Anerkennung der anderen angewiesen sind und diese auch auf unsere Anerkennung. Wir sollten uns nicht isolieren, aber auch nicht davon ausgehen, daß nur wir Anerkennung erfahren müssen.

Es ist für jeden wichtig zu wissen, daß er akzeptiert wird. Jeder braucht das Gefühl, in einer Gruppe, in einem Bezugsfeld zu leben, wo er akzeptiert wird, so wie er nun einmal ist. Ohne dieses Gefühl kann man gar nicht gesund leben. Wir brauchen die Gewißheit, daß wir, ohne viel dazu tun zu müssen, so wie wir sind, gern gelitten sind, daß andere sich freuen, uns zu sehen, und uns gerne um sich haben.

Kein Mensch ist wirklich vollkommen. Und keineswegs führt eine solche Selbstliebe zu Egoismus. Denn nur wer bereit ist, sich Gutes zu gönnen, kann auch zu anderen gut sein.

Sicher sollen die Menschen beim Nehmen nicht stehenbleiben, sondern auch zum Geben kommen. Aber wer gibt, muß zuerst empfangen haben, muß der Liebe in sich Raum lassen, muß sich auch selbst lieben. Darum heißt das Gebot auch: »Du sollst deinen Nächsten lieben wie dich selbst.« Wir vergessen oft den zweiten Teil, der die Voraussetzung des ersten ist. Beginnen wir aber, uns als die Summe aller Möglichkeiten zu betrachten, uns mit uns selbst zu befreunden, entdecken wir nicht nur viel, sondern wir sind auch zufrieden. Wir werden unseren Mitmenschen auffallen, da es diese Zufriedenheit nicht häufig gibt. Der Zufriedene wird leicht Freunde gewinnen und endlich das Glück. Zu diesem Glück gehören keine Symbole, an denen die Umwelt den Status ablesen kann, von glänzenden Augen einmal abgesehen.

Die große Frage ist: Welchen Wert geben wir uns selbst in dieser Welt, in diesem unserem Leben? Wir sollten beginnen, konzentriert mit eigener Hand die Waage wieder zu richten. Wir müssen die gemäßigte, reflektierte Selbstliebe erlernen, die Liebe zu uns selbst, die allerdings die gesamte Person umfaßt und nicht auf Kosten anderer stattfindet.

Die ganze Person umfassen bedeutet, daß wir uns akzeptieren, auch mit unseren kritisch eingestandenen Fehlern. Wir versuchen sie abzulegen und legen uns nicht nur auf eine Einzeleigenschaft fest. Das wäre eine ungesunde Betrachtungsweise. Wer nur seine schönen Beine oder seine Intelligenz herausstellt, sollte wissen, daß solche Glanzstücke allzu dunkle Schatten auf das Gesamte werfen. Auch ist es kein Sieg für uns, jemand anderen zum Verlierer zu machen.

Stehen Sie zu sich! Daraus folgt das spontane Sich-dem-anderen-Zuwenden und Ihm-Helfen, da wir uns nur geben können, sobald wir uns entdeckt haben – wie den letzten weißen Flecken auf der Landkarte. Brechen wir auf zu dieser Expedition!

Angstfreiheit

Alles, was nicht klar erkenntlich ist, was wir nicht mit dem Verstand begreifen können, macht uns unsicher und ängstlich. So gesehen ist die natürliche Angst, die sich nur auf bestimmte Gefahrenzonen begrenzt, ein Mahner zur Vorsicht, dem man Beachtung schenken sollte. Wer auf gefährlichen Klippen spaziert, setzt vorsichtig Fuß vor Fuß – aus Angst, er könnte abrutschen. Wer in die See hinausschwimmt, blickt sich ab und zu um, damit er nicht zu weit abgetrieben wird – aus Angst, er könnte ertrinken. Wer einmal einen Autounfall erleben mußte, fährt in Zukunft vorsichtiger – aus Angst, ihm könnte wieder etwas passieren. Mit diesen Ängsten leben wir, ohne daß sie uns belasten und uns den Schlaf rauben; sie gehören zu unserem Leben wie das tägliche Brot.

Angst ist aber in anderer vielfältiger Form der ständige Begleiter der Menschheit: Naturgewalten, Katastrophen, Kriegen stehen wir hilflos gegenüber, Angst ist die unausweichliche Folge.

Aber auch jeder einzelne Mensch sieht sich im Laufe seines Lebens mit Ereignissen konfrontiert, die Angstgefühle erzeugen, zum Beispiel Prüfungen, Konflikten, Dunkelheit, Krankheit, Verlust usw.

Von solchen Ängsten umstellt, die vielleicht geringe Anlässe haben, das Leben aber unnötig schwer machen durch ihre enormen Auswirkungen wie Atemnot, Herzklopfen, Hitzewellen, Schweißausbrüche, Zittern und Kopfschmerzen, fühlt sich jeder Mensch in die Enge getrieben. Deshalb muß man nicht gleich in Panik geraten. Die Ängste zu verleugnen ist auch nicht angebracht, ebensowenig ist gleich der Psychiater als Stütze und Hilfe erforderlich.

Um ein zufriedenes, glückliches Leben führen zu können, müssen wir lernen, mit Ängsten zu leben.

Dieser unbeschreibliche Jubel, die Erlösung von aller Pein, wenn man das Prüfungsergebnis hat: bestanden!

Welch ein Erlebnis, wenn die Angst vor dem Fliegen überwunden wurde und man nun die Welt von oben aus dem Flugzeug betrachten kann. Wie groß ist plötzlich der kleine Mann, der soeben die Angst überwunden hat und vom Dreimeterbrett ins Wasser springt.

Diesen Reigen der verarbeiteten, überwundenen Ängste könnte man unbegrenzt erweitern und damit verständlich machen, daß es möglich und vor allem befreiend ist, der Angst mutig entgegenzutreten.

Nicht jeder ist ein Feigling, der hier und dort eine ängstliche, verwundbare Stelle zugibt. Aber es ist ein glücklich machendes Erfolgserlebnis, wenn man sich und vielleicht auch anderen von der besiegten Angst berichten kann. Nicht verarbeitete Ängste rauben uns den Schlaf. Jeder Mensch fühlt sich manchmal von Ängsten umklammert. Solange diese Ängste nicht zu seelischen Krankheiten mit ständig quälenden Angstzuständen werden, mit denen man morgens aufsteht, ohne zu wissen, wie man ihnen begegnen soll, die am Abend noch bedrohlicher geworden sind und wie ein eiserner Ring die Brust umschließen, kann man lernen, mit ihnen zu leben, etwa mit folgenden Punkten:

Ängste gehören zum Leben, und wir müssen sie akzeptieren. Wir unterscheiden zwischen den kleinen alltäglichen Ängsten, die uns in Bewegung halten und so etwas wie einen positiven Streß bewirken, und den großen, die wir beherrschen müssen.

Bis zu einem gewissen Punkt kann man Angst unterdrücken und durch mutigen Entschluß überwinden: vom Sprungbrett zu springen, nach dem Sturz wieder aufs Pferd zu steigen, einen Menschen, über den man sich geärgert hat, wieder anzusprechen – dies sind solche Ängste, derer wir Herr werden können.

Ängste, die uns zu bezwingen scheinen, müssen wir unterlaufen: Wir stellen uns einmal vor, was zu denken wir bisher vermieden haben: Wir werden krank; ein Mensch stirbt; wir erleiden einen Verlust. Durch eine solche Vorstellung wird uns der Gegenstand unserer Angst vertraut, und wir hören auf, ihn zu fürchten. So können wir auch spezielle Ängste wie Spinnen- oder Schlangenangst überwinden.

Wir machen uns deutlich, daß auch andere Ängste haben und daß die Pflege der Angst nichts bringt.

Die großen Ängste – vor Krieg, Atombomben, Naturzerstörungen – sollten wir zum einen durch gezielte Beteiligung an vernünftigem Handeln, zum anderen durch Gelassenheit meistern.

In der dialektischen Spannung zwischen dem kleinen Glück und der großen Angst müssen wir alle leben und dennoch versuchen, uns unser persönliches Glück zu zimmern, inmitten einer düsteren Umwelt, die wir nicht ändern können, sondern die wir einer höheren Hoffnung anheimgeben.

Eine Grundschwingung der Angst ist unvermeidbar und erinnert uns daran, daß kein irdisches Leben vollkommen, kein menschliches Glück makellos ist. Es gibt unserem Leben jenes feine Zittern, das die Grundspannung erhöht und uns an die Vergänglichkeit unseres Lebens gemahnt und daran, daß unser Glück überaus kostbar ist – und zerbrechlich wie Glas.

Aufgaben

Wenn wir nach langem Bemühen ein Ziel erreicht haben, überfällt uns statt der Belohnung oft die Leere. Wir brauchen unser ganzes Leben hindurch Ziele, die wir anstreben, und Aufgaben, die vor uns liegen. Solange wir gefordert werden, ganz gleich, ob in der Schule, in der Familie, im Beruf, ist jemand da, für den wir wichtig sind. Erst dadurch fühlen wir uns auch motiviert. Wir müssen uns auf etwas freuen können und wollen sicher sein, daß wir gebraucht werden. Solange wir Ziele haben, sind wir nicht der Angst vor der Sinnlosigkeit ausgeliefert.

Was aber geschieht mit Familien, die in jahrelanger harter Arbeit ein Haus gebaut und den Garten angelegt haben, an dem Tag, an dem sie sagen: »Heute sind wir fertig«?

Wie sieht die lang erwartete Freiheit nach dem Abitur aus? Wie fühlen sich geplagte Mütter wirklich, wenn das letzte Kind erwachsen geworden ist und aus dem Haus geht? Oder Väter, die nach einem langen, arbeitsreichen Leben in den wohlverdienten Ruhestand treten?

Sie alle müßten doch eigentlich glücklich sein, all das hinter sich lassen zu können und den verhaßten Zwang endlich abzuschütteln. Wenn die Arbeit einmal getan ist, finden sich viele aber nicht mehr zurecht. Sie haben die Orientierung verloren. Nachdem sie die erstrebenswerte, heißersehnte Freiheit erreicht haben, erscheint sie ihnen plötzlich wertlos, ja oft bedrohend. Die Tage dehnen sich endlos und gehen ohne Struktur ineinander über.

Angesichts dieser Empfindung sollten wir nicht resignieren. Wir müssen nur erkennen: Uns fehlen neue Aufgaben und Forderungen. Nachdem sie uns nicht mehr von anderen diktiert werden, müssen wir es eben selbst tun. Wenn wir uns von liebgewordenen Menschen und Aufgaben trennen müssen, können wir darauf vertrauen, daß die Umstellung nur anfangs schwierig ist.

Wir müssen nur rechtzeitig damit beginnen, uns neue Ziele und Aufgaben zu setzen. Wer im Beruf stark engagiert ist, muß lernen, rechtzeitig darauf umzuschalten, mal wieder ein Buch zu lesen, ins Kino, ins Theater oder Konzert zu gehen oder bewußt allein oder zu zweit Musik zu hören. Statt sich von seinem Beruf erdrücken zu lassen, gilt es, davon Abstand zu bekommen.

Der frischgebackene Abiturient macht sich klar, daß er das große Stück Arbeit nun erst vor sich hat, erwachsen zu werden, sich nach allen Seiten umzuschauen, das Elternhaus zu verlassen, selbstbewußt Lang- und Kurzzeitpläne zu machen. Wenn ihm das alles bewußt ist, wird er gewiß nicht in das große Loch der Ziellosigkeit fallen.

Irgendwann stehen Mütter einmal ohne ihre Kinder da. Dann sollten sie stolz sein, wenn diese problemlos haben gehen können, denn dann ist ihre Erziehung erfolgreich gewesen. Sie dürfen ihren Trennungsschmerz nicht egoistisch übertreiben. Vielmehr haben sie eine Lebensphase abgeschlossen und steuern nun die nächste an.

Nur starke, reife Menschen können den Weg in den Ruhestand gehen und dabei so glücklich werden, wie sie es sich ihr Leben lang vorgestellt haben. Wenn sie aber rechtzeitig begonnen haben, sich ihrer selbst bewußt zu sein, werden sie langgehegte Träume und Wünsche sogar verwirklichen.

Nur scheinbar kommt die Krise, die Midlife-crisis oder der Pensionierungsschock, von außen. Das Empfinden der Sinnlosigkeit, der Ausweglosigkeit steckt in uns. Nur in uns selbst können wir es bekämpfen.

Wir müssen rechtzeitig Pläne machen und nicht aus Angst vor der Angst, die eintreten könnte, wenn wir an einen dieser Punkte gelangen, an dem wir uns verlassen vorkommen, schon vorher wie gelähmt kapitulieren.

Wichtig ist, daß wir unser eigener Freund werden. Wichtig sind die positive Grundeinstellung und die optimistische Erwartung. Dann erkennen wir leicht, wo ein Gleichgesinnter ist. Wer behauptet, alles erreicht zu haben, ist anmaßend und kleingläubig zugleich.

Es gibt keinen Zeitpunkt im Leben, weder mit acht noch mit achtzig, an dem es sich nicht lohnt, neu anzufangen: Menschen kennenlernen, Landschaften, neue Wissensbereiche und so vieles mehr. Wer sich dem verweigert, bleibt stehen, will nicht mehr weiter, spricht sein eigenes Urteil. Wer vom anderen die Lösung erwartet, wird sie nicht erfahren. Sie liegt letztlich allein in uns selbst.

Glück und Freude sind keine abstrakten Begriffe. Was wir heute schenken, erhalten wir morgen zurück.

Dankbarkeit

Als Kinder wurden wir angehalten, ›danke‹ zu sagen, wenn wir etwas geschenkt bekamen, uns Grüße an die Eltern aufgetragen wurden, sich jemand nach unserem Befinden erkundigte und bei tausend anderen Gelegenheiten. Schlimm war es in den Tagen nach Weihnachten oder nach dem Geburtstag. Dann wurden ›Bedanke-mich-Briefe‹ geschrieben an Tanten und Paten, kurz die Ereignisse, lang die übrigen Geschenke aufgezählt und dann natürlich mehr oder minder wortreich der Dank geäußert. Damit war die Pflicht erfüllt – und ein Großteil der Festesfreude schon aufgezehrt. Besonders wenn man sich wie ich mit dem Schreiben ohnehin herumquälte (mein Aufnahmeaufsatz fürs Gymnasium soll nach Aussage meiner Schwester aus vier Sätzen bestanden haben).

Dieses ›bedank dich auch‹ kann einem die ganze Freude verderben, vor allem die am Danken. Vielleicht ist das der Grund – oder zumindest einer – dafür, daß so vielen Menschen das Danken schwer fällt. Wenn mich mein Eindruck nicht täuscht, tun sich immer mehr Menschen schwer damit, zu danken, etwa für eine freundliche Geste wie Tür öffnen, im Bus aufstehen, jemandem den Vortritt lassen – schwer wie eine Entschuldigung, ehrenrührig fast. Haben alle zuviel ›danke‹ sagen müssen als Kind, oder haben sie es im Gegenteil gar nicht gelernt? Beides wäre denkbar. Auf jeden Fall ist es schade, daß spontanes, ehrliches Danken offensichtlich so aus der Mode gekommen ist.

Ich tue es heute gern und überzeugt, nachdem ich die pubertäre Verneinungsphase hinter mich gebracht habe, in der ich mich natürlich von den Eierschalen des kindheitlichen Zwangsdankens befreien mußte. Ich danke gern, weil ich allenthalben Dankbarkeit fühle: wenn ich morgens aufwache, daß ich noch lebe und mir – meistens – nichts wehtut; daß ich Augen habe zu lesen und Stoff genug für sie; Ohren zu hören, Menschen, Aufgaben – genug, aber nicht zuviel – und und und ... Ich könnte endlos aufzählen, worüber ich Grund habe zu danken und meistens auch herzlich und bewußt danken kann – auch dafür danke ich.

Was ist am Danken so schön und so wichtig? Schön ist, daß es die Freude verdoppelt, wenn es von Herzen kommt. Außerdem macht es auch dem wieder Freude, der uns eine Freude bereitet hat, für die wir ihm danken. Darüber hinaus schlägt es Brücken, stellt es Beziehungen her oder vertieft und bestätigt sie. Das geschieht dazu noch auf vielfältige Weise und in unterschiedlichsten, phantasieoffenen Ausdrucksformen: als Blick, als Lächeln, als Wort, als Geste, als Brief, durch eine Blume oder irgendwann wieder ein Geschenk. Wir bleiben in Verbindung und denken uns etwas aus, die Verbindung, die uns wichtig ist, zu pflegen. Danken drückt Wertschätzung aus, bedeutet Aufmerksamkeit. Es bereichert beide, den Dankenden und den, der den Dank empfängt.

Die, die keinen Dank übers Herz und über die Lippen bringen, scheinen das nicht zu wissen. Ganz ähnlich ergeht es ihnen übrigens mit dem Lob: Sie tun so, als ob man sich etwas vergäbe, sich einen Stein aus der Krone bräche (als ob sie eine aufhätten!). Loben wie auch danken scheint für sie zu bedeuten: Ich mach mich klein, kleiner, als ich sein muß oder dem anderen erscheinen möchte. Ich will keine Blöße, keine Schwäche zeigen. Ich bin genauso gut – wer bin ich denn!

Ja, wer bin ich?

Ich bin doch jemand, der alles Wichtige im Leben geschenkt bekam: das Leben, die Eltern, Geschwister, Freunde, Partner und ungezählte Menschen, denen ich buchstäblich vieles verdanke: ältere wie die Lehrer, jüngere wie die Kinder, auch die Kritiker und Gegner, Helfer in gesunden und kranken Tagen – sind wir nicht alle aufeinander angewiesen, und dafür sollten wir nicht Dank empfinden und auch äußern? Und wenn wir es den Urhebern all des Guten, das wir irgendwann erfahren haben, nicht mehr erweisen können, dann können wir es anderen, dritten stellvertretend zuteil werden lassen – die Welt eine einzige Dankgemeinschaft: Ist das nicht ein schöner Gedanke? ›Weltethos Dankbarkeit‹ – das könnte besser motivieren als tausend Pflichten: zu teilen, Entwicklungshilfe zu leisten, Ersatz- und Zivildienste zu erfüllen. Ernst Jünger schrieb einmal kurz vor seinem Tode, Dankbarkeit sei die Wurzel aller Ethik, und griff damit einen Kerngedanken Martin Luthers auf. Luther war nicht – wie viele meinen – gegen gute Werke, aber sie sollten nicht aus Pflicht oder gar aus religiöser Berechnung geschehen, sondern aus erfahrener und gefühlter Dankbarkeit für die Liebe Gottes, die uns zuteil wird. Liebe, die man erfährt, drängt uns, auch Liebe weiterzugeben: Das ist der starke Kern eines positiven Lebensgefühls, einer existentiellen Dankbarkeit, die – auch wenn sie verloren zu gehen droht – immer wieder wachzurufen sich lohnt. Aber eins muß man unbedingt auch festhalten – und das wissen wahrscheinlich alle, die wie ich schon etwas länger jung sind: Dankbarkeit kann man nicht erwarten. Man kann sie nur erbringen.

Durchsetzungskraft

Eine der wichtigsten Eigenschaften, die wir in unserer komplizierten Welt – man hat sie auch die Ellbogengesellschaft genannt – brauchen, ist die Fähigkeit, sich durchzusetzen. Aber werden wir nicht zum Gegenteil erzogen? Als Kinder sollen wir gehorsam sein, als Jugendliche lernen und uns unterordnen, am Arbeitsplatz uns anpassen und in der Ehe uns womöglich auch noch fügen.

Nehmen wir zum Beispiel das Ehepaar Otto und Annemarie. Otto ist energisch, dynamisch und durchsetzungsfähig. Nicht umsonst hat er einen so hervorragenden Platz als Abteilungsleiter in einer großen Maschinenfabrik erobert. Aber zu Hause kann er mit seinen Fähigkeiten nicht viel anfangen, oder soll er etwa zum Haustyrann werden? Und auch Annemarie, seine Frau, ehemalige Notariatsangestellte, weiß, wie sie ihren Haushalt führt, die Kinder anleitet oder wie das gemeinsame Wochenende aussehen soll. Wenn sich Otto hier auf Managermanier durchsetzen wollte, würde er mit Recht auf Widerstand stoßen, und bald wäre er mit seiner Autorität am Ende.

Auch die Kinder möchten ihre Rechte behaupten, haben Vorstellungen, wissen, wann sie ihre Schularbeiten machen möchten, wann sie fernsehen oder in die Disco gehen.

In einer partnerschaftlichen Beziehung und in einer demokratischen Gesellschaft sind also nicht die Ellbogen, sondern andere Qualitäten gefragt: die Ausdauer, das gute Argument, die innere Stabilität und Entschiedenheit, mit der ich den anderen überzeugen kann. Wer gewohnt ist, andere zu führen oder ihnen auch zu befehlen, hat es meist nicht schwer, seine Meinung zu bilden und zu äußern. Die anderen müssen es erst lernen – in unserem Fall sowohl die Kinder als auch die Ehefrau.

Wir müssen uns in jedem Augenblick über unsere Wünsche und Vorstellungen klarwerden. Beim täglichen Speiseplan ist es noch relativ einfach. Aber besteht nicht die Gefahr, daß wir auch nur fragen, was die anderen möchten, dann fünf Wünsche und Gelüste hören und danach noch ratloser sind als vorher? Oder wie ist es mit dem Wochenende? Jeder hat andere Vorstellungen: Wie können wir da Durchsetzungskraft entwickeln?

Am besten dadurch, daß wir sehr genaue Vorstellungen und einen Plan ausarbeiten, von dem wir überzeugt sind und den wir gut begründet vortragen. Durchsetzungskraft heißt also nicht: mit dem Fuß aufstampfen, trotzen, um jeden Preis Sieger sein wollen, sondern es heißt: erstmal bei sich selbst innerlich Klarheit schaffen: Was will ich? Was spricht für meine Überzeugung, was eventuell dagegen, um dann dadurch zu überzeugen, daß diese Lösung im Augenblick die beste für uns alle ist. Möglicherweise ist das nächste Mal der Vorschlag und die Lösung eines anderen für alle günstiger und richtiger, möglicherweise auch ein Kompromiß.

Durchsetzen kann sich im Grunde nur der, der dem anderen das Gefühl gibt, daß auch seine Interessen und Wünsche nicht zu kurz kommen. Darüber hinaus muß ich mir die Gesamtsituation klarmachen und darf nicht Dinge durchzusetzen versuchen, die von vornherein zum Scheitern verdammt sind, etwa bei regnerischem Wetter die ganze Familie auf eine Wanderung zwingen. Ich muß mich den Gegebenheiten anpassen und neben der Durchsetzung auch den Kompromiß im Auge behalten.

Insgesamt gewinne ich Durchsetzungskraft, wenn ich ein klares Ziel und eine klare Vorstellung vor Augen habe: Was will ich und was ist möglich?

Einfachheit

Viele Menschen tragen in sich den Wunsch – und manche verwirklichen ihn sogar –, aus der übertriebenen Komfortzivilisation auszusteigen und ein einfaches Leben zu beginnen.

Tatsächlich könnte jeder sein Leben einfacher einrichten und damit ein Zeichen setzen, das auch die zum Nachdenken bringt, die gedanken- und kritiklos auf den ausgetretenen Pfaden der Konsumgesellschaft weitertrotten. Immer noch scheinen die meisten in Kategorien von gestern zu denken, in denen alles auf Aufwand, auf »immer mehr und immer besser« ausgerichtet ist. Weder weltweit noch in unserer eigenen Umgebung werden wir aufgrund der sinkenden wirtschaftlichen Wachstumsraten diesen Lebensstandard und vor allem diesen Lebensstil weiter einhalten können. Immer mehr Menschen werden ohnehin mit immer weniger zufrieden sein müssen, und deswegen ist Einfachheit eine Tugend, die sich für die Zukunft von selbst versteht.

Zum Glück ist sie auch eine Lebenspraxis, bei der der Mensch durchaus auf seine Kosten kommt, weil er nicht mehr nach allen Seiten zerrissen ist von den Wünschen, die ihn an Äußerlichkeiten ausliefern. Die Folge ist, daß er für weniger Materielles ja auch weniger Kraft und Zeit aufwenden muß, daß er mehr Zeit für sich selbst und zum Nachdenken sowie für die einfachen Genüsse und Freuden hat, die längst in Vergessenheit zu geraten drohten: Ein gutes Gespräch unter Nachbarn bereichert meistens mehr als die Teilnahme an einem aufwendigen Partyempfang. Eine Radtour durch die Heide kann mehr Erlebniswert haben als eine Kreuzfahrt in der Südsee, und der handgestrickte Wollpullover ist nicht nur gesünder, sondern auch wärmer und nebenbei persönlicher als das polyesterversetzte Fertigprodukt aus dem Kaufhaus – selbst wenn mehr Zeitaufwand damit verbunden ist.

Wenn die Herausforderung der Zeit ihr Gutes haben soll, so liegt es wahrscheinlich hauptsächlich daran, daß wir zurückgeworfen sind auf die schlichten Existenznotwendigkeiten im Materiellen wie im Seelisch-Geistigen. Wenn wir daraus die Konsequenzen ziehen und dies zu einer neuen, verantwortungsbewußten Einstellung den Dingen und der Natur gegenüber, aber auch zu einer neuen Mitmenschlichkeit führt, so braucht uns um die Zukunft nicht bange zu sein.

Wir entdecken gleichzeitig den Reichtum, den unsere Sinne uns unmittelbar und ohne das Raffinement industrieller Produkte vermitteln können. Den größten Reichtum tragen wir in uns selbst, und vielleicht entdecken wir dies in einer Zeit, deren Mängel sonst allenthalben beklagt werden. Über unsere Sinne: die Augen, die Ohren, den Geschmacks-, Geruchs- und Tastsinn, sind die einfachen Genüsse für uns erreichbar.

Wir sind von unseren Sinnen abhängig. Darum müssen wir lernen, sie richtig einzusetzen. Dabei sollte man mit der Beobachtung der Natur und der Umwelt beginnen: Wenn wir die Vielfalt der Blumen, die Gestalt der Bäume, die Lichtreflexe auf dem Wasser betrachten, lernen wir zu sehen und gehen so auf Entdeckungsreise.

In gleicher Weise lernen wir wieder zu hören. Versuchen Sie, in die Stille zu lauschen. Oder befassen Sie sich nur mit einem Komponisten, dafür aber um so intensiver. Im Vertrautsein mit einer Sache, mit nur einem Thema liegt der größere Genuß.

Auch unserem Geruchs- und Geschmackssinn sollten wir mehr Aufmerksamkeit schenken. Wir probieren Rezepte und konzentrieren uns auf das, was wir zu uns nehmen. Eine bewußt genossene Tasse Tee und ein einzelnes erlesenes Stück Gebäck können zu einem Erlebnis werden.

Das häufig benutzte Wort »begreifen« ist dem Tastsinn zugeordnet. Für das Kleinkind ist es selbstverständlich, ein Ding bewußt zu berühren, es zu begreifen. Den dringenden Wunsch zu verspüren, irgend etwas zu berühren, ist ganz natürlich. Er gehört zu den einfachen, aber nicht käuflichen Freuden. Deshalb dürfen wir nicht müde werden, uns dem Menschen oder dem Gegenstand zuzuwenden, ihn aufmerksam zu betrachten, zu erleben und in uns aufzunehmen.

Erinnern wir uns an einfache Dinge, die durch Zuwendung wichtig geworden sind, an Kindheitserlebnisse und an Sehnsüchte. Es ist wichtig, daß wir uns erinnern, Erlebtes verarbeiten und alles konzentriert tun, uns nicht ablenken und betäuben lassen.

Es ist alles da – sichtbar vor uns –, wir wollen es sehen und erleben und uns vor allem Zeit lassen, es zu begreifen.

Nehmen wir Abstand vor der heutigen Konsumgesellschaft, vom Streben nach Wohlstand, vom »immer mehr«. Suchen wir wieder Freude an einfachen Dingen. Das Leben um uns, die Natur bieten diese Freuden in Fülle, wenn wir bereit sind, sie zu suchen und zu sehen.

Einsamkeit

Einsamkeit kennt kein Alter. Auch junge Menschen
sehnen sich nach einem Liebespartner auf Dauer und
erleben Verlassenwerden und Trennungsschmerzen genauso heftig wie Erwachsene, deren Ehen und Partnerschaften scheitern, durch Trennung oder Tod beendet
werden. Einsamkeit wird oft von Versagensgefühlen
und tiefer Hilflosigkeit begleitet. Sie hat etwas Abgrün-
diges, und sie kann in Abgründe stürzen; schwer be-
schreibbare Strudel ziehen uns in ein schwarzes Loch.
Wir wachen nachts auf, finden uns allein vor, ertragen
uns nicht, mögen uns auch im Spiegel nicht mehr sehen. Uns beginnt zu schwindeln.

Wir fürchten, zu Grunde zu gehen – weil wir die positive Chance noch nicht erahnen, auf die der Philosoph
Sören Kierkegaard hingewiesen hat, wenn er an das
Wortspiel erinnert, das in »zu Grunde gehen« enthalten
ist. Einsamkeit kann furchtbar, aber auch fruchtbar
sein. Für den einen trägt sie ein Antlitz voller Ängste
und Schrecken, für den anderen ein einladendes Gesicht voller Tiefe und Schönheit.

Einsamkeit – wie paradox! – ist ein grassierendes Phä-
nomen der modernen Massengesellschaft. Angeschlossen an die großen Kommunikationsnetze leben Unzählige allein in ihrer Höhle. Fernsehen und Internet sind
schon die geistigen Schnuller der Kleinen, aber auch
noch die flimmernden Hausaltäre der Senioren, die damit an das Leben draußen angeschlossen sind.

Einsamkeit kann sich hinter Betriebsamkeit und Enter-
tainment, Comedy und Talk verstecken. Wenn das Programm abgeschaltet ist, bricht sie um so unausweichli-
cher aus. Und dann, was vielleicht das Schlimmste ist:
Andere gehen fröhlich paarweise ihrer Wege – und ins

Bett. Doch Erich Kästner warnt auch: Am schlimmsten ist die Einsamkeit zu zweit!

Alleinsein kann als Leiden erlebt werden: Depressionen, Minderwertigkeitsgefühle und Ängste sind das dem Psychologen nur allzu vertraute Einsamkeitssyndrom. »Die eigentliche Malaise unserer Zeit ist nicht die Einsamkeit selber, sondern der Mangel an Einsamkeitsfähigkeit«, schreibt der Philosoph Odo Marquard. Müssen wir diese Fähigkeit erlernen, obwohl doch schon auf den ersten Seiten der Bibel steht: Es ist nicht gut, daß der Mensch allein sei? Tatsächlich: In diesem Paradox müssen wir leben. Wir kommen heim aus der Welt voll Hektik, und die Wohnung ist leer. Wie füllen wir sie?

Ein Weg führt nach innen – ein anderer hinaus. Und das ist der eine Weg, der gewagt werden will: heraus aus der Höhle, eine Fahrt ins Grüne, ins Kino oder Konzert, zu Freunden; oder wenigstens ein Anruf, damit Beziehungen nicht absterben, sondern am Leben erhalten werden.

Wenn mir die Decke auf den Kopf fällt, brauche ich Menschen. Dann darf ich nicht warten, bis andere auf mich zukommen. Ich muß selbst aktiv werden! Nur nicht erstarren, sich bedauern und allein gelassen fühlen! Dann kann Einsamkeit tödlich sein. Laden Sie ein, und lassen Sie sich einladen – dabei ist der kleinere Kreis meist ergiebiger als die größere Party, auf der man mit anderen oft nur ein paar Sätze reden kann.

Ebenso wichtig ist es, ein Hobby, eine Liebhaberei zu pflegen, wörtlich also: etwas lieb zu haben. Ein Chor, eine Sportgruppe, ein Kreis von Ehrenamtlichen helfen auch einem selbst am wirksamsten aus der Einsamkeit zur erfüllten Gemeinsamkeit. Und wer sich klar wird, daß er einen Menschen ganz für sich ersehnt, sollte auch vor den gesellschaftlich nicht voll akzeptierten Möglichkeiten nicht zurückschrecken: Singleclub, Internet, Zeitungsanzeige oder Partnerschaftsvermittlung. Dabei sind allerdings die auf diesem Felde herrschenden Niveauunterschiede zu beachten. Aber ich bin überzeugt: Was man im tiefsten Herzen erhofft, wird man finden – vielleicht ganz anders als zunächst vorgestellt.

Das ist die schwierigere Wahrheit: Einsam sein kann heilsam sein. Denker, Künstler, Aussteiger suchen die Einsamkeit wie das Paradies. Denn nur, wenn man allein ist, ist man frei. Rainer Maria Rilke schwärmt: »Du meine heilige Einsamkeit, du bist so reich und rein und weit wie ein erwachender Garten.«

Dieser Garten steht jedem offen. Er enthält die unscheinbaren Ereignisse, die wir lange für langweilig hielten: den Klang einer Glocke, vom Nebel gedämpft, den Zug der Wolken, die sich wandeln und doch gleich bleiben, Gesichter, die sprechen, wenn wir sie beachten – unzählige Bilder umgeben uns, ziehen uns in eine neue Tiefe des Lebens, der unser eigenes Leben zustrebt. Auch dies muß wohl lernen, wer mit der Einsamkeit leben und nicht nur unter ihr leiden will: einmal den Weg nach innen wagen, in das tiefere Selbst. Die Einsamkeit ist die Durchgangspforte zu den inneren Welten in all ihrer Vielfalt.

Um gern zu Hause zu sein, mache ich mir meine Umgebung so schön wie möglich, leiste mir zum Wochenende einen flammenden Blumenstrauß, höre eine Musik, die mich erfreut, nehme mir ein Buch vor, das mich schon lange verlockt, versorge meine Pflanzen oder mein Aquarium, räume auf – wenn ich Lust dazu habe. Der lebendig Einsame bleibt gefühlsbereit – nach innen wie nach außen, für die Umwelt und für die Mitwelt. Und genau besehen setzt jede wirkliche Gemeinsamkeit auch Einsamkeit in diesem gefühlsoffenen, kreativen Sinn voraus.

Freiheit

Wir leben in der Freiheit wie in einer riesigen Schlagsahnetorte: Es geht einem gut, man ist satt, man sieht nicht sehr weit und verfettet allmählich. Die Freiheit ist aber keine Torte. Sie ist eher so etwas wie ein Muskel. Wenn man sie nicht beansprucht, so erschlafft und verkümmert sie. Sie ist nicht nur eine Gabe, sondern eine tägliche Aufgabe.

Ihre Gabe liegt darin, daß es in ihr möglich ist, Werte zu verwirklichen. Nicht Freiheit selbst ist eigentlich wertvoll, doch ist sie das notwendige Vorzeichen jedes anderen Wertes. Nicht weil wir gut sind, sind wir sittliche Wesen, sondern nur wenn wir frei und gut sind, also auch schlecht sein können, sind wir es – sonst wären wir die Marionetten Gottes. Jeder wahre Wert verlangt zu seiner Verwirklichung die Voraussetzung der Freiheit, sonst wird er in sein Gegenteil pervertiert. Wir wissen genau, wie wenig erzwungene Liebe, diktierte Kunst oder organisierte Lebensfreude wert sind.

Freiheit wird sinnvoll aber erst durch die Wahrheit, um die Menschen in ihr ringen (und nicht durch die Weltanschauungen, die in ihr kontaktlos koexistieren), durch das Recht, das in ihr vertreten (und nicht nur beansprucht) wird, durch die Verantwortung, die in ihr übernommen (und nicht auf Autoritäten abgeschoben) werden kann. Freiheit setzt also Bindung voraus, um Freiheit zu sein. Ohne sie ist Freiheit immer in der Gefahr des Libertinismus, des Chaos, der Willkür, der Anarchie, die allzu leicht in Zwangsherrschaft umschlägt. Eine Freiheit, der der Inhalt, der Sinn, die Wahrheit fehlen, ist im Grunde schon eine innere Zwangsherrschaft, selbst bei äußeren Freiheitsformen.

Bindung ist allerdings nicht dasselbe wie Abhängigkeit.

Bindung ist immer freiwillig. Bindung muß immer als freiwillige Bejahung des höheren Wertes, als Nachfolge verstanden werden, Abhängigkeit als unfreiwilliges Bestimmtsein. Bindung bedeutet auch nicht das Sich-Ausliefern an belanglose und relative Dinge, etwa an die Fülle der konsumierbaren Güter. Bindung ist nur sinnvoll, wenn es etwas gibt, was größer ist als der Mensch. Die Bindung an den jeweils höheren Wert macht vom jeweils niederen frei, darum kann die Bindung an Gott als das Höchste, den Höchsten von den Abhängigkeiten der ganzen Welt frei machen. In diesem Sinne kann Luther sagen: »domini sumus«, was etwas Doppeltes bedeutet: Wir sind des Herrn, darum sind wir Herren. Natürlich kann an die Stelle Gottes jeder andere Wert als das Höchste treten, z. B. eine Idee, eine Ideologie, die – absolut genommen – den Menschen ebenso von untergeordneten Abhängigkeiten befreien können. So blieben Menschen auch in der Verfolgung innerlich ruhig und gelassen, weil sie wußten, daß man Gedanken nicht mit Gewalt bekämpfen kann. Nicht die Indifferenz zwischen den Alternativen, sondern gerade das Engagement macht uns frei. Die Wahrheit, der wir dienen, wird uns frei machen, wobei die Freiheit allerdings immer auch die »Freiheit des Andersdenkenden« ist, woran uns Rosa Luxemburg erinnert. So konnten Christen wie Kommunisten während der Nazizeit innerlich unabhängig der Verfolgung und dem Terror trotzen.

Der Sinn, den wir im Leben sehen, die Wahrheit, auf die wir bauen, kann jedoch keine Ideologie sein, kann nicht öffentlich organisiert und verordnet werden. Wenn es allgemeingültige Werte und Wahrheiten gibt, dann nur soweit, wie Menschen sie überzeugend vorleben und vertreten. Sie wollen frei anerkannt sein und in freier Übereinstimmung mit anderen gesucht und verwirklicht werden. Das gilt auch in einer Welt, die ständig in der Gefahr des selbstverschuldeten Konsumtotalitarismus und damit der Unmündigkeit steht.

Wehe der Freiheit, wenn anstelle der freiwilligen Bindung und Hingabe des einzelnen die Organisierung der einzelnen, der Kollektivismus tritt! Es gibt erste Anzeichen dafür. Noch haben wir die Chance der Selbstentäußerung in Freiheit. Die Alternative dazu ist die Selbstentfremdung unter Zwang. Sie tritt ein, wenn man die Freiheit nur konsumiert, bis man sie schließlich verbraucht hat. Für die Freiheit gibt es keine Frischhaltepackung. Sie muß immer neu verwirklicht werden. Das macht sie zu einem Abenteuer, das enthält ihr tägliches Risiko, aber auch ihre tägliche Chance.

Freundschaft

»Ein Freund, ein guter Freund, das ist das Schönste, was es gibt auf der Welt« – so heißt es in einem alten Schlager, der keineswegs veraltet ist. Freundschaften begleiten uns durchs Leben, und nicht selten halten sie länger als alle anderen Lebenspartnerschaften, insbesondere zwischen den Geschlechtern. Freundschaften zwischen Mann und Frau sind übrigens selten, weil mit dem Knistern der Erotik auch schon die Spannungsursachen beginnen. Die stabilen Freundschaften sind gleichgeschlechtlich und von dieser Art Spannungen meistens frei. Ihre Stärken sind Zuverlässigkeit und Achtung, Kenntnis und Wertschätzung, gemeinsame Erlebnisse und Erfahrungen, Gemeinsamkeit des Denkens und der Weltsicht, jene Bewährung durch dick und dünn, das Durchstehen von Freud und Leid, die sie unvergleichlich wertvoll machen. Auf einen guten Freund kann ich mich besser verlassen als auf mich selbst – allerdings ist es ratsam, mir auch selbst jederzeit ein guter Freund zu sein, auf den ich mich verlassen kann. (Wenn hier und im folgenden von Freund die Rede ist, ist natürlich ganz von selbst auch die Freundin gemeint.)
Gute Freunde sind selten, und es gibt genug Menschen, die keinen wirklichen Freund haben. Woran liegt das? Zunächst ist es ein Glücksfall, jemanden zu treffen, der zu einem paßt und mit dem man sich wirklich versteht. Die besten Freundschaften gewinnt man in der Kindheit und Jugend, und wer sie gut pflegt, hat damit einen Schatz für das ganze Leben. Später ist es sehr schwer, gute Freunde zu erwerben, weil die Persönlichkeit schon geprägt ist und damit auch die Mauern zwischen Menschen fast unüberwindlich geworden sind. Ausgeschlossen aber ist es nicht, und nur vom Glück sollten wir die

Wahl eines Freundes nicht abhängig machen. Hierin liegt ein weiterer Grund, der es schwer macht, neue Freunde zu gewinnen: Freundschaft erfordert Selbstlosigkeit und eine Einstellung, die den anderen mindestens so wichtig nimmt wie einen selbst, ja, die im Not- und Bedarfsfall den anderen sogar an die erste Stelle rückt und ganz für ihn da ist. Dazu sind offenbar nur wenige Menschen wirklich bereit, weil sie nach der Maxime handeln: »Jeder ist sich selbst der Nächste.« So machen sie die beglückende Erfahrung freundschaftlicher Erwiderung oder auch des stummen Zusammenstehens und gemeinsamer Bewährung gar nicht erst, obwohl diese Erlebnisse eigene Gefühlswerte enthalten, die es anderswo kaum noch gibt: Dank und Freude, Austausch und Abenteuer und für das Alter kostbare Erinnerungen.

Jeder, der an seine glücklichsten Jahre zurückdenkt, wird zwangsläufig auf herausragende Ereignisse stoßen, und man kann wetten, daß sie alle auch Erlebnisse mit guten Freunden umschließen. Neben der Liebe vermittelt Freundschaft die größten Glücksmomente im menschlichen Leben. Darum muß sie auch neben Liebe und Ehe ihren Platz behalten. Mitunter tritt sie in Rivalität dazu, etwa wenn der eine Partner etwas gegen die Freunde des anderen hat. Das kann berechtigt sein, und dann wird man sich entscheiden müssen. Es sollte aber nie grundsätzliche Eifersucht mitspielen, denn jede sexuelle Partnerbildung ist auf Außenbeziehungen und gute Freundschaften angewiesen. Das Ideale wäre, daß die Freunde des einen auch die des anderen sein können und daß damit der Kreis der Freundschaft sich erweitert. Diese Bindungen abzuschneiden wäre töricht und bekäme letztlich auch der intimen Partnerbeziehung nicht. Sie würde überfordert und müßte enttäuschen, weil es eine Reihe von Erlebnisarten gibt, für die man auf den gleichgeschlechtlichen Freund angewiesen ist.

Auch in einer guten Ehe braucht jeder einmal den Abend oder den Urlaub mit Freunden – mag es sich um Sauna oder Skat, Segeln oder Kegeln, Fußball oder Politik, Kaffeekränzchen oder Kunstgalerie handeln: Von solchen immer wieder erneuerten Treffen kehren wir erfrischt und gestärkt zurück, und beide Arten der Beziehungen können sich wechselseitig ergänzen und steigern. Wenn es hierbei zu Rivalitäten und Spannungen kommt, ist die Ursache häufig darin zu sehen, daß die Ausgangsbeziehung schon vorher gestört oder die Einstellung eines Partners negativ zu der sich als gestört erweisenden Beziehung war.

Am meisten braucht man Freunde, wenn eine Lebenspartnerschaft, etwa eine Ehe, die Krisen nicht überdauert, sondern zerbricht. Dann schlägt die große Stunde, in der der Alleinbleibende auf den Rückhalt und das Verständnis der Freunde angewiesen ist. Sie erhalten jetzt eine Bedeutung, die alles andere übertrifft, denn wer kümmert sich sonst um den an seiner Einsamkeit Leidenden? Keine Kirche und kein Verein, keine Partei und keine Kollegenschaft ist dazu in aller Regel bereit und fähig. Darum sind Freundschaften gerade in Krisensituationen die wichtigste Auffangbasis. Hier erweisen sie auch ihre stabilisierende Wirkung für die Gesundheit: Sie können den Betroffenen hindern, in Depressionen und Verzweiflung, Alkoholismus und Selbstmord zu verfallen oder in die Krankheit zu flüchten. Weil alle diese Gefahren heute größer sind denn je, ist auch die Freundschaft wichtiger, als sie wahrscheinlich zu irgendeiner Zeit war.

Wie immer wir Freundschaft verstehen: Sie ist ein Wert, eine notwendige Lebensbereicherung, ja vielleicht sogar Lebensgrundlage. Deshalb lohnt es, viel dafür einzusetzen, Freunde zu gewinnen und Freundschaften zu erhalten. Sie sind eine große Kostbarkeit.

Geduld

Kein Mensch wird in den Garten hinausgehen und an den Radieschen ziehen, damit sie schneller wachsen. Denn wir wissen natürlich, um große Radieschen oder reife Erdbeeren ernten zu können, müssen wir sie wachsen und reifen lassen. Sie brauchen Zeit und Geduld.

Haben wir in unserer schnellebig-hektischen Zeit noch Geduld? Mit anderen? Mit uns? Ist geduldig sein nicht fast schon ein bißchen so wie »blöd« sein? Wer etwas auf sich hält, ist doch nicht geduldig – oder? Geduld hat nur der Esel, eben Eselsgeduld. Wer geduldig ist, ist nicht schnell genug: Das Leben – meint man – geht an ihm vorbei, er drängelt nicht, beschleunigt nicht, macht keine Schnäppchen und Gewinne, verliert wertvolle Sekunden ...

Das Witzige und Paradoxe allerdings in unserer Zeit ist, daß wir, je schneller wir vorankommen wollen, je mehr wir drängeln und uns eilen, an anderer Stelle Zeit verlieren, wo wir es nie vermutet hätten. Wir bauen schnelle Autos, mit denen wir ohne Geschwindigkeitsbegrenzung zum nächsten Ziel rasen können – aber wir stecken in stundenlangem Stau. Die fremden Erdteile sind mit dem gut ausgebauten internationalen Flugverkehr ganz nahe gerückt, nur ein paar Stunden noch bis New York und einen Katzensprung auf die Kanaren – aber wir sitzen Stunden um Stunden auf Flughäfen und warten auf Anschluß und Weiterkommen. Wir tippen unsere Texte in den PC und verbreiten sie sekundenschnell im Internet – suchen aber stundenlang nach dem Fehler im Gerät, wenn etwas nicht oder unter einer anderen Rubrik abgespeichert wurde oder das ganze Programm abgestürzt ist.

Was wir brauchen, um diese Widrigkeiten des täglichen Lebens auszuhalten, ist Geduld. Ohne die Energie, langmütig und geduldig etwas zu ertragen, kommen wir weniger denn je aus.

Geduldige Menschen liebt man, und geduldige Menschen haben es gut. Sie bleiben gelassen: Im Stau lesen sie Zeitung oder fangen an zu picknicken oder arbeiten am Laptop. Sie entwickeln – jeder auf seine Art – Geduld, um der mißlichen Situation zu begegnen. Was hilft es auch, sich aufzuregen, die Polizei, den Verkehr, den Verkehrsminister, den Vordermann zu beschimpfen? Der Geduldige besitzt Zeit oder besser »langen Atem«, damit sich etwas entwickeln kann. Er weiß auch, daß es Menschen oder Situationen gibt, in denen die Geduld als stete Kraft wirkt und alle Aktivitäten plötzlich zu störenden Eingriffen werden.

Kinder lieben Menschen mit Geduld: die Großeltern, die Nachbarin von nebenan. In ihrer Gegenwart blühen sie auf. Geduldige Menschen haben Zeit. Sie hören zu, sie nehmen andere ernst, sie lesen vor, und mit ihnen kann man sprechen – über alle Probleme der Welt.

Die fünfjährige Julie zum Beispiel besucht die Nachbarin gegenüber. Sie muß jetzt zu einer »Sitzung« zu Mechthild, erklärt sie zu Hause, nachdem sie weiß, daß ihr Papa oft zu einer Sitzung muß, wo man reden und sich einigen kann. Bei Mechthild dann zu erzählen, was sie gerade bedrückt, ist für Julie wichtig. Julie liebt Mechthild – und umgekehrt ebenso. Julies eigene Eltern sind doch oft im Streß, immer »müssen« sie etwas, und zwangsläufig drücken sie der Kleinen ihr Tempo auf.

Der wirklich menschenfreundliche Umgang lebt von der Fähigkeit zur Geduld: den Menschen wie den Tieren und den Dingen ihre Eigenart und auch ihr ganz persönliches Tempo zu lassen. Es scheint so, daß die Menschen von heute über der Nervosität und der Hektik die

Geduld verloren haben, Geduld mit sich zu haben. Aber alte Menschen, Kranke und Behinderte zum Beispiel brauchen diese Geduld – täglich und in jedem Handgriff und ganz individuell.

Rom – sagt man – wurde nicht an einem Tag erbaut. Mit anderen Worten: Alles braucht seine Zeit und hat das Recht auf seinen eigenen Rhythmus und sein eigenes Tempo.

Wer also morgens schon gegen die Badezimmertür hämmert, im Stau im Auto tobt und dem anderen den Vogel zeigt, vor Ungeduld über die vermeintliche Begriffsstutzigkeit des Mitarbeiters schier platzt, macht irgend etwas falsch: Er verschenkt seine Energie, sie verpufft oder entlädt sich in Reizsituationen.

Wer sich bei ständiger Ungeduld und Reizbarkeit ertappt, sollte sich dazu anhalten, sich zu ändern. Es ist mühselig, aber es gelingt, wenn ich – um zwei Möglichkeiten zu nennen – die Erwartungen an die Schnelligkeit, Übersicht und das Begriffsvermögen der anderen nicht so hoch ansetze – selbst ist man nicht perfekt, wie kann man es vom anderen erwarten? Wenn ich mir vornehme, mich nicht aufzuregen – ich hole tief Luft, zähle leise bis zehn, sage mir einen Reim vor oder singe ein bestimmtes Lied, das ich mir speziell für solche Situationen ausgesucht habe.

Probieren Sie es!

Gelassenheit

Gelassenheit ist etwas Wunderbares. Schon das Wort strömt eine schöne Atmosphäre von Ruhe, Entspannung und Stressfreiheit aus.

Die meisten von uns regen sich über jede Kleinigkeit auf: Sie gehen leicht in die Luft – beim Warten in der Autoschlange, vor dem Postschalter, wegen der unpünktlichen Bahn, dem Streit am Mittagstisch ... Unsere Tage sind voller Anlässe, die Ruhe zu verlieren. Manchmal kann schon eine heraufziehende Grippe Panik auslösen, weil ich sie gerade jetzt am allerwenigsten gebrauchen kann. Und nun stehe ich vor der Entscheidung, mich mit Medikamenten dagegen zu wehren oder mich in mein Schicksal zu ergeben, mich vielleicht ein paar Tage ins Bett zurückzuziehen und sie vorübergehen zu lassen.

Erfahrungsgemäß dauert eine Erkältung, wenn man sie behandelt, acht Tage, und wenn man sie nicht behandelt, eine Woche ...; entscheidend ist die innere Einstellung.

Warum fällt es mir so schwer, die sinnvollere Lösung zu wählen und die Dinge so zu nehmen, wie sie nun einmal sind? Gelassenheit läßt sich erwerben, indem man sich sagt: Es wird nichts so heiß gegessen, wie es gekocht wird. Ich bin schon mit ganz anderen Dingen fertig geworden. Den Kopf wird es schon nicht kosten. Was wäre das Schlimmste, das mir jetzt passieren könnte? Diese Frage kann helfen, wieder das richtige Augenmaß für das zu finden, was mich gegenwärtig ängstigt oder übermäßig beeindruckt.

Denn wir neigen in solchen Situationen dazu, unsere Sorgen zu übertreiben. Wir übertreiben aus Angst, daß unser Leben aus dem Gleichgewicht gerät und wir panikartig in einen fürchterlichen Strudel der Ereignisse geraten könnten.

Besser wäre, der Panik ade zu sagen! Ich ziehe die gelassene Lösung vor und ergebe mich der Erkältung. Ich genieße die Ruhe, dieses Auf-mich-selbst-zurückgeworfen-Sein. Dann gehe ich gestärkt aus der Krankheit hervor. Ich ergebe mich in mein Geschick und vertraue darauf, daß dieses Geschick in guten Händen liegt. Ohne dieses Urvertrauen ist Gelassenheit schwer vorstellbar. Wer voll Mißtrauen und Ängstlichkeit steckt, wird immer neue Gründe dafür ausspähen und aus einem Zustand nervöser Gespanntheit nicht herauskommen. Gelassenheit zahlt sich aus durch inneren Frieden und ein meist glücklicheres Geschick. Die Vorbedingung ist, daß wir loslassen können, das heißt aus der Hand geben können, daß wir es darauf ankommen lassen, nicht alles unbedingt selbst tun und herbeizwingen zu wollen.

Gelassenheit ist nicht zu verwechseln mit Gleichgültigkeit. Dem Gleichgültigen fehlt es an Anteilnahme. Der Gelassene sieht zwar die Dinge mit Abstand, aber durchaus nicht ohne Gefühle. Nur, er steht nicht unter Gewinnzwang. Für ihn sind die Fairneß im Ablauf und die Kunst des Spiels wichtiger als das Siegen oder jedenfalls ebenso wichtig, denn wer wäre nicht gern erfolgreich!

Der auf diese Art Gelassene ist ja nicht weniger erfolgreich: Zwei Sportschützen zielen, aber der eine schielt dauernd zum anderen hinüber und verfehlt die Zwölf. Der andere entspannt sich, konzentriert sich auf das Wesentliche und trifft. Und selbst wenn er daneben schießt, kann er das ertragen, weil er weiß, daß zum Erfolg als dessen ständiger Schatten auch der Mißerfolg dazugehört. Nur wer den Erfolg mit Sicherheit erreichen, ja erzwingen will, dem droht der Mißerfolg; er ist allzu verkrampft und verspannt. Der Mangel an Gelassenheit ist meist mit anderen Schwächen verbunden: mit Angst um die eigene Person, um die eigene Existenz. Erst wer diese Sorge hinter sich gelassen hat, kann gelassen sein, weil er sich sagt: Ich muß nicht alles haben, nicht alles können, vor allem nicht gleichzeitig. Ich schaue nicht zurück (»Hättest du doch ...!«). Ich schaue auch nicht scheel voraus (»Du solltest unbedingt ...!« oder: »Du müßtest eigentlich ...!«). Ich lebe im Jetzt und Hier. Ich tue, was ich kann und so gut ich es kann, und besser kann ich es nicht. Ich bin, wie ich bin; ich kann und will kein anderer, keine andere sein. Diese Gelassenheit ist wichtig – sowohl für die Gesundheit wie für jenes sanfte Glück eines Menschen, der vom Schicksal nichts mehr erzwingen und einklagen will, was er doch nicht erreichen kann. Der Blick für das Erreichbare ist ein Zeichen der Reife, also von bewußt erlebtem Leben. Übrigens ist Reife unabhängig von der Zahl der Lebensjahre. Junge Leute würden das cool nennen.

Leider begreifen Menschen meist erst durch Schicksalsschläge und Enttäuschungen, daß Aufgeregtheit und nervöses Wetteifern wenig bewirken – außer uns aus dem Gleichgewicht zu bringen und uns die Gelassenheit zu rauben. Um so wichtiger ist es, in einer Stressphase aus der eigenen Situation herauszutreten, alles, was uns im Moment verwirrt und überfordert, zurückzuschieben und eine Stunde lang in Ruhe nachzudenken: Was tue ich da eigentlich? Was ist wirklich wichtig? Was wird sein, wenn ich nicht mehr bin? Aus den Antworten wird uns die zunächst erschreckende Erkenntnis entgegenschlagen: Wenn ich nicht wäre, ginge das Leben genauso weiter oder doch fast genauso. Bin ich wirklich anderen oder nur mir selbst so unentbehrlich?

Wir lernen, das Wesentliche vom Unwesentlichen zu unterscheiden. Wir begreifen, daß wir nicht alles selbst entscheiden und machen müssen. Ja, daß das Leben auch ohne uns weitergehen würde. Und können dem unvergeßlichen Papst der Ökumene, Johannes XXIII., beistimmen, der eine Merkformel der Gelassenheit prägte: »Nimm dich nicht so wichtig, Johannes!«

Am Ende dieser Stunde werde ich vielleicht zu der Erkenntnis kommen, daß ich Menschen aus ganz anderen Gründen wichtig bin. Weil ich Zeit für sie habe, mit ihnen fröhlich oder traurig sein kann, ihnen zuhöre und ihnen weiterhelfe, wenn sie das wünschen, ganz persönliche Zuwendungen also, für die ich bisher nicht genug Zeit hatte, weil all die anderen Lasten an mir hängen.

Nach diesem Erkenntnisschritt wird es höchste Zeit, mit den unwesentlichen Dingen aufzuräumen und mich frei zu machen für das, was wirklich wichtig ist. Dann kommt vielleicht heraus, daß wir weniger Termine, aber dafür mehr Zeit haben, uns zu unterhalten, zu lesen, zu meditieren, zu wandern und dem Rauschen der Bäume zu lauschen. Gelassenheit bringt neue Lebensqualität.

Ich weiß, daß es Wichtigeres gibt, daß ich nicht für alles zuständig bin und daß mein Sorgen und Ärgern nichts nützen. Dadurch kann sogar neue Energie frei werden, die sich nicht mehr in Aktionismus verschwendet.

Glaube

Viele meinen, den Glauben dadurch abwerten zu können, daß sie ihn als Nicht-genau-Wissen definieren. Sie verwechseln zwei Arten von Glauben, die unsere Sprache kennt. Wir sagen zwar: »Ich glaube, es ist schon spät«, wenn wir keine Uhr bei uns haben, und meinen damit in der Tat: nicht-genau-wissen. Demgegenüber steht aber der Glaube im Sinne von glauben an, von dem Wilhelm Busch mit Recht sagt: »Nur was wir glauben, wissen wir gewiß.« Diese Art des Glaubens ist nämlich die Voraussetzung allen Wissens. Die wichtigsten Dinge können wir ja nicht beweisen: woher wir kommen und wohin wir gehen, warum wir gerade diese Eltern gehabt haben, ob sie uns lieben und wozu wir leben. Alle wichtigen Grundbeziehungen sind nicht beweisbar, sondern wir müssen sie glauben. Diesem Glauben wohnt eine Tatsachen schaffende Kraft inne: Entweder ist unsere Lebensvoraussetzung positiv oder negativ, und entsprechend entwickeln wir uns und ist unser Schicksal.

Wer meint, von einer bösen Macht ins Leben geschleudert worden zu sein, schlechte Eltern zu haben und von ihnen nicht geliebt zu werden, wird mit Mißtrauen in die Welt gehen und es auch oft genug bestätigt finden. Er wird es schwerer haben, selbst zu lieben und also auch wieder Liebe zu empfangen. Er wird auch wenig Hoffnung im Blick auf die Zukunft hegen können, zu sich selbst vermutlich nicht gerade positiv eingestellt sein, und man wird es bald an seinen Mienen ablesen – ein in sich kreisendes Rad, das sich aus lauter negativen Grundhypothesen in Gang hält und alle positiven Keime niederwalzt.

Glauben heißt: positiv denken, das Beste voraussetzen

und Gutes erwarten. Deshalb hat Glauben eine kreative Kraft und wird sich häufiger in gute Taten umsetzen und in guten Erfahrungen bestätigen. Der offenbarte Glaube nennt die Macht des Guten Gott und gibt ihr den Vorrang vor der Macht des Bösen. Wenn wir uns dieser Macht anvertrauen, sind wir geschützt und gestärkt, zumal wir auf Schutz und Stärke wahrhaftig angewiesen sind. Wer meint, ohne Glauben leben zu können, macht sich etwas vor.

Dabei ist Glaube nicht einfach Hinnehmen und blindes Geschehenlassen, sondern die Grundlage für Aktivität und Selbstverantwortung. Aber dazu ist es nötig, sein Leben auf eine Karte zu setzen, auf die, das Positive zu bejahen und in jedem Fall das Bessere zu suchen und zu unterstützen. Glauben ist nicht nur ein Für-wahr-Halten Gottes, sondern ist das positive Vorzeichen des gesamten Lebens, ist das von ihm her- und zu ihm hintönende Ja, das unser Leben erfüllt, durchflutet und vorantreibt. Wenn Theodor Storm sagt: »Der Glaube ist zum Ruhen gut, er bringt nicht von der Stelle. Der Zweifel in ehrlicher Männerfaust, er sprengt die Pforten der Hölle«, so hat er einen quietistischen, passiven und untätigen Glauben vor Augen, demgegenüber der Zweifel allerdings wie ein Sporn im Fleisch eines allzu müden Gauls wirken kann. Aber dieser Sporen gibt es genug, und wer wäre nicht – auch als Gläubiger – von Zweifeln heimgesucht? Im Übermaß beleben sie nicht, sondern quälen und drücken nieder. Solange sie den Glauben stimulieren, ist es gut; wenn sie ihn töten, schaden sie, und unter uns laufen unendlich viele Zweifelgeschädigte herum. Ein kräftiger Glaube verträgt einen guten Schuß Zweifel und braucht ihn auch als Würze und Kontrast. Glaube soll nicht blindlings und unkritisch sein, nicht in Sklavenhörigkeit und Kadavergehorsam einmünden, sondern die Persönlichkeit stärken, Ichschwäche aufheben und Kräfte fließen lassen, die der isolierte Einzelne aus sich nicht hätte.

Glaube hilft gesunden, und um gesund zu werden, ist es gut, an Heilung zu glauben und gesund werden zu wollen. Die inneren Kräfte organisieren sich neu wie die Eisenspäne, wenn ein Magnet in die Nähe kommt und die Spuren des Kraftfeldes nachzeichnet. Infektionen ereilen uns eher, wenn wir geschwächt sind und weichen schneller, wenn wir uns auch seelisch stärken. Insofern sind Glaubensheilungen nichts Ungewöhnliches, sondern dem, der die Kräfte der Seele kennt, etwas Selbstverständliches. »Dein Glaube hat dir geholfen« ist der Kommentar, den Jesus zu seinen eigenen sogenannten Wunderheilungen gibt und der bis heute gültig ist, auch wenn man an Wunder, die die Naturgesetze zu sprengen vermögen, nicht glauben will. Glaube ist eine Naturkraft, sofern man die Natur nicht zu eng versteht, sondern auch das mit einbezieht, was zwischen Himmel und Erde unserer Schulweisheit bisher nicht bekannt und dennoch wirklich ist. Als Torheit hat sich oft genug erwiesen, nur das für wahr zu halten, was beweisbar und bis heute bekannt ist. Glaube ist mächtig wie eh und je, und wir alle brauchen ihn.

Glaube ist also eine Grundtatsache des Lebens, und wir alle sind vom ersten Tage an auf Glauben angewiesen.

Jeder Mensch glaubt etwas, wenn auch die höchsten Werte und die elementarsten Grundlagen der seelischen Existenz für jeden andere sein mögen.

Fruchtbar und positiv erweist sich nur der Glaube an das Gute und daran, daß das Gute nicht nur ein Begriff, sondern eine Macht ist. Wir nennen sie Gott.

Durch diesen Glauben erfahren wir Rückwirkungen auf unser Leben. Wir selbst steigern unsere Kräfte und die Fähigkeit zu gesunden und erfahren umgekehrt Bestärkung und Heilung. Glaube schließt nicht jeden Zweifel aus, sondern umgreift ihn und schließt ihn ein. Er darf kritisch und bewußt sein. Das Herz ist größer als der Kopf.

Unser inneres Leben ordnet sich durch Glauben, und unsere Überlebens- sowie Widerstandskräfte wachsen durch ihn, und zwar durch den Glauben an das Gute, an die Kraft, die Glück und Heil gewährt. Sie ist durch keinen Aberglauben zu ersetzen.

Glaube ist größer als Für-wahr-Halten oder als die Verlängerung des Wissens ins Ungewisse hinein. Glaube ist die Grundhypothese des Lebens, ist die Karte, auf die wir alles setzen, ist das volle Ja des Vertrauens in das Gute, dem wir dienen. Er ist unbeweisbar und bedarf keines Beweises, es sei denn durch die Existenz und die Erfahrung – das hat er mit der Hoffnung und mit der Liebe gemein, in denen er sich ausdrückt und verwirklicht.

Glücksfähigkeit

Viele Menschen machen sich unglücklich, weil sie sich im Gestern oder im Morgen verlieren. Sie hängen dem nach, was gestern war oder hätte sein können, mögen sich nicht trennen von einer Vergangenheit oder ihrem Traum davon, ihrer Erinnerung daran. Entsprechendes tun andere mit der Zukunft: Sie träumen von morgen und übersehen die Chancen, die sie heute haben. Sie wollen das Glück greifen, das sie unmittelbar vor sich zu sehen glauben, und umklammern mit ihren Händen immer nur flüchtige Schemen, die ihnen in eine ferne Zukunft entgleiten und doch nie zu greifen sind. Sie verbringen den Augenblick gespannt auf der Suche nach dem Besseren, Schöneren, das morgen kommen soll – und degradieren den gelebten Augenblick.

Der Augenblick ist die einzige Freiheit in der Zeit, die uns als Chance bleibt und unserem Willen zur Gestaltung bereitsteht. Die Vergangenheit ist unabänderlich und wie ein Bleiguß nach dem Erkalten erstarrt. Die Zukunft ist noch nicht greifbar. Sie erschließt sich uns zögernd. Wir betreten sie über die Schwelle des Augenblicks, in dem wir leben. An ihn sollten wir uns halten, ihm uns öffnen und hingeben. Nur er enthält das Augenblickserlebnis von Glück, das dann allerdings weit in die Vergangenheit und in die Zukunft reichen kann. So ist nicht zu bestreiten, daß der glückliche Augenblick auch als Erinnerung fortwirkt oder daß die Hoffnung etwas Beglückendes haben kann, ja, in Situationen äußerster Bedrängnis sogar als einziger Lichtblick bleibt. Gefährlich wird der starre Blick auf die Zukunft vor allem dann, wenn wir unsere Entscheidungen auf sie verschieben. Sie ist die lange Bank, deren Ende nicht abzusehen ist. Wer etwas ändern will, muß es sofort tun. Dies ist das einzige Sichere. Wer sich entscheiden will, soll es jetzt tun, und wenn es jetzt nicht möglich ist, muß er den Zeitpunkt festsetzen, zu dem er sich entscheidet, oder die Bedingungen, von denen es abhängt, definieren. »Aufschub heißt der Dieb der Zeit«, sagt Edward Young.

Viele Menschen schlagen sich mit ihrer unbewältigten Vergangenheit herum, und oft sind es dieselben, die (dann) von ihrer Zukunft Unerfüllbares erträumen. Darum ist es wichtiger, sich mit dem ersten Aspekt dieser Fehlhaltung auseinanderzusetzen, denn wenn es gelingt, ihn zu überwinden, ändert sich der zweite Aspekt fast stets von selbst. Solche Belastungen können sein: eine schwere Kindheit, eine enttäuschungsreiche oder erfolglose Schulzeit, Unbeliebtheit bei anderen Menschen, vor allem beim anderen Geschlecht, berufliche Mißerfolge, unerwiderte Gefühle und Bindungen an Menschen, die einem zum Schicksal wurden.

Die Fähigkeit zum Glücklichwerden, das positive Lebensgefühl entspringt bei uns allen dem Urvertrauen, das unsere Eltern uns in die Welt und in die Menschen unserer Umgebung vermitteln konnten. Die schwerste Belastung, die ein Mensch wahrscheinlich tragen muß, ist die einer enttäuschenden frühesten Mutterbeziehung, ein Mangel an stetiger Liebe und Zuwendung, an Geborgenheit und Kontakt. Alle anderen Enttäuschungen verblassen gegenüber dieser entscheidenden Existenzverarmung, mit der sich heute zunehmend mehr Menschen abfinden müssen. Sie begegnen uns in Beratungszentren und in den Leserbriefspalten, ihre unbefriedigten Mienen treten uns auf der Straße gegenüber. Sie vermehren den Anteil der Nikotin- und Alkoholabhängigen, auch der beruflich überehrgeizigen Leistungsgetriebenen, der Liebesunfähigen und am Leben Gescheiterten. Es ist eine grundlegende, lebensentscheidende und mittlerweile auch sozialhygienische

Frage ersten Ranges, ob sich alle diese Menschen wirklich mit dem beschriebenen existentiellen Defizit abfinden müssen.

Ich glaube nicht. Ich sage dies betont subjektiv und formuliere es nicht als eine allgemeine Aussage, weil ich weiß, daß die meisten meiner Kollegen hier den Kopf schütteln, auf langwierige psychotherapeutische Behandlungsprozesse verweisen und mich zusätzlich mit deren häufigem Scheitern bedauernd vertrösten, ja, enttäuschen müßten. Gerade deshalb finde ich mich mit dieser Praxis nicht ab.

Natürlich kann niemand von uns alle unausgelebten Phasen seines Lebens nachholen, aber das braucht er auch nicht.

Hier wird der kritische Leser wiederum mit Zweifeln ansetzen und die Frage stellen: Kann ich denn geben, wenn ich nicht zuvor genommen habe? Ja, ich kann: Zwar weiß ich auch, daß die erfahrene Liebe leichter umschlägt in die handliche Münze der Freundlichkeit und sozialen Zuwendung zu anderen. Aber wenn ich auf diese Goldwährung nicht zurückgreifen kann, so gibt es andere »Deckungsmöglichkeiten«. Anstatt gebannt in den leeren Krater meines seelischen Vakuums zu schauen und unentwegt den eigenen Bauchnabel zu fixieren in der Erwartung, von anderen geliebt zu werden, ehe ich selbst anderen etwas geben kann, fange ich einfach an, etwas zu tun.

Ich kann weder das Leben nachholen noch kann ich es vorholen. Ich habe nur den Augenblick, da findet das Glück statt, da findet das Leben statt. Eigentlich ist es gleich, ob und wieviel einer Wegstrecke ich hinter mir habe oder ob ich sie vor mir habe, wenn ich jetzt den Augenblick lebe.

Nicht die Wirklichkeit ist es eigentlich, die über das Glück entscheidet, sondern meine Sicht ist es. Sie kommt aus mir, aus meinen Entscheidungen, das Negative zu akzeptieren, aber nicht im Negativen stehen-zubleiben. Das müssen nicht große Umwälzungen und Umwertungen sein – aus »ganz schwer« wird plötzlich, »ganz schön« –, es ist oft nur eine winzige kleine Neu-einstellung, wie ich einen anderen Menschen sehe, meinen »abgenutzten« Lebenspartner oder den Nach-barn.

Eine winzige Änderung kann große Wirkung erzeugen. Eine kleine Weichenstellung, wenn man sich das klar-macht, ist keine große Aktion. Wenn ein Zug in Bremen abfährt, entscheidet ein Zentimeter Weiche darüber, ob er in Basel oder in Belgrad ankommt. Ein Zentimeter – und wenn wir diesen Zentimeter Änderung in unserer Einstellung schaffen, wirkt sich das nicht unendlich aus?

Hoffnung

Bei Lawinen- oder Flugzeugunglücken wird bis zuletzt nach Überlebenden gesucht, aber irgendwann heißt es: Die Hoffnung, noch weitere zu finden, wird aufgegeben. Das ist schlimm – für die Helfer, die alles eingesetzt haben, vor allem aber für die Angehörigen, die nun keine Hoffnung mehr haben sollen – haben dürfen? Das ist schlimm, und jedem Beteiligten ist das klar. Ebenso dem Arzt, der eine unheilbare Krankheit feststellt und dies dem Patienten oder den Angehörigen mitteilt, dem Rotkreuzhelfer, der es nach einem Verkehrsunfall noch mit Mund-zu-Mund-Beatmung versucht hat: hoffnungslos!

Hoffnung scheint eins der wichtigsten Lebenselixiere zu sein. Deshalb verschweigen Ärzte oft auch die tödliche Diagnose und machen dem Patienten Hoffnung. Früher hielt ich dies für unaufrichtig und unverantwortlich. Inzwischen habe ich mich überzeugen lassen, daß in bestimmten Fällen auch vorgetäuschte Hoffnung die Heilung begünstigt. Wie gewaltvoll muß Hoffnung sein, daß ihr zu dienen sogar noch die Wahrheitsliebe übertrifft!

Die Frage der Lebenshoffnung über den Tod hinaus soll hier nicht einmal so sehr interessieren – sie ist eine theologische und zunächst nicht eine für den Psychologen. Aber ich gebe zu, daß es auch mich stark, ja unvergeßlich beeindruckt hat, wie meine Mutter in ihrem langen und schließlich tödlichen Krebsleiden von dieser Hoffnung nicht nur getragen wurde, sondern so fröhlich war, daß sie mit dieser Fröhlichkeit und übertödlichen Lebenszuversicht nicht nur die Besucher, die sich ihrem Krankenbett mit hoffnungslos traurigen Mienen näherten, sondern auch die Ärzte und Schwestern überraschte, ja aufmunterte und beschämte. Ich weiß nicht, ob meine Mutter mit dieser Einstellung länger gelebt hat, aber sicherlich hat sie ihren letzten Lebensabschnitt besser gemeistert und allen, die es miterlebten, davon mitgeteilt und weitergegeben – eine tiefgläubige Frau, die zwei Kriege und viele Krankheiten durchgestanden hatte und dennoch genießen konnte und die meiste Zeit, so habe ich sie von Kind an erlebt, zuversichtlich und fröhlich war. Sie gab – auch in den Zeiten größter Not – die Hoffnung nie auf, und ich bin sicher, daß sie auch ihr langsames Sterben nur als Übergang in ein besseres Leben sah.

Anders der Tod jenes Mannes, hinter dem die Tür zufiel, als er in den Tiefkühlraum eines Schlachthofes ging und sie von innen nicht mehr öffnen konnte. Man fand ihn am nächsten Morgen tot – und stellte gleichzeitig fest, daß die Kühlaggregate abgeschaltet waren. Er konnte nicht erfroren sein, auch Sauerstoff war genug vorhanden. Nichts als die eigene Angst und Hoffnungslosigkeit hatten ihn umgebracht!

Hoffnung macht lebendig, läßt Kräfte einströmen, die der Hoffnungslose nicht hat. Wer denkt da nicht an die zwei Frösche aus der uralten Fabel, die in ein Milchfaß gefallen waren: Der eine gibt nach einigen vergeblichen Versuchen, den Rand zu erklimmen, auf und ertrinkt. Der andere strampelt und strampelt, bis die Milch sich allmählich zu Butter versteift und er darauf Halt finden und aus dem Zuber klettern kann. Hoffnung vermittelt Kraft und gibt Halt, ja oft genug auch Freude und Erfolg. Nun kann man einwenden: Ja, das ist wohl so, wenn die Hoffnung real und begründet ist. Aber wie wäre es dem zweiten Frosch ergangen, wenn er in ein Faß Magermilch gefallen wäre? Hätte ihn nicht das gleiche Schicksal ereilt wie den ersten – verschlimmert noch durch die lange und schwere, aber vergebliche Anstrengung? Nein, selbst in diesem Falle, meine ich, hätte er ein schöneres Ende gehabt – in dem Bewußtsein (soweit man hier von Bewußtsein reden könnte), alles getan zu haben, was in seinen Kräften stand. Und außerdem: Völlig erschöpft stirbt sich's vermutlich leichter als im Vollbesitz der Kräfte und im Fehlen jeder Hoffnung.

In der Tat: Hoffnung hat etwas Utopisches. Und klingt nicht auch das Wort, das Martin Luther zugeschrieben wird, ein wenig bizarr, ja unrealistisch: »Wenn ich wüßte, daß morgen die Welt unterginge, würde ich heute noch ein Apfelbäumchen pflanzen«? Auch wieder nicht, denn wer kann schon wissen, daß morgen die Welt untergeht, und hofft nicht doch darauf, daß es irgendwie weitergeht?

Das Leben selbst ist auf unsere Hoffnung angewiesen, und Hoffnung kann Leben bewirken. Das gilt auch schon in unserem ganz persönlichen Umkreis: Hoffnung springt über, erzeugt strahlende Augen, sogar in der Wirtschaft. Und plötzlich sieht alles ganz anders aus. Ein neuer Akzent über dem Ganzen, ein anderes Vorzeichen vor der Klammer – wer das Minus durchstreicht, hat plötzlich ein Plus! – ändert die Bewertung, damit auch die Wirkung und also auch die Wirklichkeit. Ich bin außerdem sicher, daß Hoffnung nicht auf einer riesigen, wenn auch lebensförderlichen Illusion beruht, also ein großer psychologischer Schöpfungsschwindel wäre. Hoffnung hat einen Grund, der über das Hier und Jetzt, über Gefühlskick und lebenspraktische Effektivität hinausreicht. Zu den Zwecken, um die ich weiß, gibt es Gründe, an die ich glaube. Eines ist sicher: Wer den Menschen die Hoffnung nimmt, nimmt ihnen das Leben.

Humor

Comedy quillt heute aus allen Fernseh-Kanälen – vielleicht gerade deshalb, weil Humor so selten geworden ist. Humor haben die Juxmacher und Witzereißer meistens nicht. Die großen Humoristen – Wilhelm Busch etwa oder Fritz Reuter, Mark Twain, Werner Finck oder Karl Valentin – hatten im Gegenteil so gut wie immer einen Hang zur Melancholie oder gar Depression und hatten meist mit schweren Lebensumständen zu kämpfen, fern von flatterhafter Oberflächlichkeit.

Humor ist also eine ernste Sache – und hebt zugleich den Ernst des Lebens auf, erleichtert ihn zumindest. Der spätere Landessuperintendent Johannes Schulze aus Hannover will – schon wohlbestallter und wohlbeleibter Pastor – sein Töchterchen aus dem Kindergarten abholen. Eine Frau, die auch am Eingangstor steht, fragt ihn: »Erwarten Sie auch ein Kind?« »Nein, ich bin immer so dick«, ist seine prompte Antwort, mit der er sich selbst belächelt und die Frau zum Schmunzeln bringt.

Humor hat es überhaupt mehr mit Schmunzeln, mit einem nach innen gehenden als mit einem lauten, nach außen platzenden Lachen zu tun.

Bertolt Brecht hat Humor einmal als die Fähigkeit definiert, sich zu distanzieren, vor allem sich von sich selbst zu distanzieren. Sie hilft gerade dann, wenn das Leben schwer ist – mehr als Jammern, Klagen und Selbstmitleid. Ich nehme Abstand zu meiner Situation und gewinne Freiheit. Ich akzeptiere, daß die Welt unvollkommen ist – und ich mit ihr. Ich akzeptiere lächelnd die Fehler und Schwächen der anderen. Humor läßt keine Feindseligkeit aufkommen, sondern im Gegenteil so etwas wie Freundseligkeit – eine Mischung von kritischer Distanz und wohlwollender Wärme. Daher kann wohl auch ein Geistloser ebensowenig Humor haben wie ein Herzloser.

Jean Paul hat den Humor mit einem umgedrehten Fernglas verglichen, mit dem wir die Welt und die Dinge, die uns eben noch erdrückend und übergroß erschienen, wie durch einen Zaubertrick ganz winzig und mit Abstand sehen können, sie sozusagen in die Ferne entrücken.

Diese Distanz ist die Voraussetzung für so etwas wie Humor. Ich falle nicht voll in die Situation, die mich zu Ärger oder Wut verleiten möchte, die mich ohnmächtig oder hilflos machen könnte. Ich trete ein wenig zurück – und kann lächeln. Ich nehme Abstand vom Druck der Dinge wie von mir selbst und erinnere mich an Goethes Worte: »Wer sich nicht selbst zum Besten halten kann, der ist gewiß nicht einer von den Besten.«

Der dicke Schulze konnte es. Von dem ebenfalls beleibten Hanns Lilje wird folgende Anekdote berichtet: Auf der Weltkirchenkonferenz in Neu-Delhi sitzt er im Lutherrock neben anderen Kirchenoberen in der unbarmherzig stechenden Sonne. Einer nach dem anderen entledigt sich seines geistlichen Rockes, nur Lilje nicht. Verwundert fragt ihn sein Nachbar schließlich: ›Na, Hosenträger?‹ ›Nein, Würdenträger‹ ist Liljes entwaffnende Antwort. Übrigens wäre auch umgekehrt – Frage und Antwort vertauscht – die Situation zum Schmunzeln, mehr noch vielleicht, denn hier hielt sich nicht einer zum Besten, sondern für den Besten, dessen Outfit in jeder noch so drückenden Lebenslage seiner Würde entsprechen sollte.

Mit Humor lassen sich sogar unangenehme Wahrheiten übermitteln: George Bernard Shaw und Marilyn Monroe sind bei einem Galadiner einander als Tischnachbarn zugeteilt und haben sich zu unterhalten. Marilyn riskiert ein kühnes Kompliment: »Ihr Geist und meine Schönheit – das gäbe Kinder!« »Aber können Sie sich auch die umgekehrte Mischung vorstellen?« war Shaws prompte Antwort. Hoffen wir, daß sie es mit Humor aufgenommen hat.

Humor entlastet von Druck; mit Humor wird alles erträglicher und werden alle verträglicher. Ja, der Tiefenpsychologe und Begründer der Logotherapie, Victor Frankl, der selbst lange im KZ gelitten hat, nennt den Humor eine »Trotzmacht« – trotzend und mächtig gegen alle Widrigkeiten.

Und Otto Julius Bierbaum – nicht Wilhelm Busch! – sagt: Humor ist, wenn man trotzdem lacht! Busch ist zwar der Weltmeister des Humors, aber in seinem umfangreichen Werk kommt das Wort nur zweimal vor: einmal – ironisch – von einem Menschen, der einem anderen den Hut ins Gesicht drückt und angeblich ›viel Humor besaß‹. Das andere Mal wird der Humor einem Tier zugeschrieben: dem Vogel, der auf der Leimrute festsitzt und dem sich der Kater, der ihn fressen wird, unausweichlich nähert. Der Vogel – obwohl er sein Ende kommen sieht – will »lustig pfeifen wie zuvor. Der Vogel, scheint mir, hat Humor«.

Humor ist der Aufstand gegen das Tragische, ist nach Jean Paul das ›umgekehrt Erhabene‹. Er schreibt: »Wenn der Mensch, wie die alte Theologie tat, von der überirdischen Welt auf die irdische herunterschauet: so zieht diese klein und eitel dahin; wenn er mit der kleinen wie der Humor tut, die Unendliche ausmisset und verknüpft: so entsteht jenes Lachen, worin auch ein Schmerz und eine Größe ist.« Man kann es aber auch etwas banaler und dennoch zutreffend sagen wie der fast schon vergessene Medienclown Fritz Teufel, der den Humor bezeichnet als die ›Fähigkeit, Nackenschläge einzustecken, ohne bitter zu werden‹. Und Sigmund Freud sah im Humor die höchste Abwehrleistung gegen die Neurose. Dies bringe der Humor »zustande, indem er Mittel findet, der bereits gehaltenen Unlustbindung ihre Energie zu entziehen und sie durch Abfuhr in Lust zu verwandeln«. Dies gilt vor allem in den Widrigkeiten des Alltags: Kritik – mit Humor vorgetragen – wird lieber angenommen, wirkt nie scharf und verletzend, Widerspruch ist leichter anzunehmen: »Unmögliches wird sofort erledigt – Wunder dauern etwas länger«. Oder: »Herr, gib mir Geduld, aber sofort!«

Jeder weiß im Grunde, daß Konflikte am Arbeitsplatz oder in der Partnerschaft oft kleine Ursachen haben, aber sich schnell ausweiten können und dann schwer unter Kontrolle zu bekommen sind. Frühzeitig mit einer humorvollen Auflockerung entschärft, lösen sie sich auf, bringen den andern zum Schmunzeln oder gar zum Lachen und lassen – oft, nicht immer – den Anlaß vergessen.

Lachen wirkt ansteckend; Lachen verbindet. Man schaut sich entspannt und erleichtert in die Augen: Wer könnte da noch böse sein! Unbewußt hat sich jeder nach dieser Öffnung des Herzens, diesem Grund zur Freude – so klein er auch sein mag – gesehnt. So etwas kann reinigen wie ein Bad. Auch wenn jeder dabei ein paar nasse Spritzer abbekommt, ist das nicht störend, sondern es hilft. Nicht zufällig heißt ja Humor wörtlich übersetzt: Feuchtigkeit, Saft. Er ist ein Heilsaft.

Menschen mit Humor scheinen zwar seltener, aber darum immer wertvoller und auch beliebter zu sein. Man kann ihnen schwer etwas übelnehmen, und man läßt sich von ihnen leichter etwas sagen. Und sie selbst leben gesünder. Ein amerikanisches Forschungsteam hat bei der Erforschung von Ursachen bzw. auch der Vermeidung von Herzinfarkt herausgefunden, daß Menschen, die gelernt haben, die Dinge und vor allem die Widrigkeiten des Lebens mit Heiterkeit und Humor zu nehmen, eine nur halb so hohe Infarktrate gegenüber den allzu Ernsten und Strengen, Humorlosen haben. Humor ist eine Heilkraft, ein Psychopharmakon aus der Apotheke der Natur. Wir sollten reichlich Gebrauch davon machen!

Jugendlichkeit

Wir möchten zwar alle alt werden, dabei aber möglichst lange jung bleiben. Mit Jugend verbinden wir Frische, Attraktivität, Gesundheit und Lebenshoffnung. Ohne nachzudenken und in sie hineinzuschauen, halten wir junge Menschen für glücklicher, lebenserfüllter und darum beneidenswert.

Wie aber ist die Jugend wirklich? Ist der größte Teil nicht vielmehr ratlos und zweifelnd, hoffnungsarm und mürrisch, anfällig für Gifte und ungesunde Lebensgewohnheiten, unselbständig und arm an Lebenserfahrung? Der einzige unbestreitbare und allgemeine Vorzug der Jugend ist ihre Vitalität, der Kraftüberschuß und jener einzigartige Schmelz. Doch ist er nicht schnell dahin, und ist er nicht allzu oft auch nur ein äußerlicher Vorzug, der all die anderen Mängel kaum aufwiegt? Wer über die Lebensmitte und ihre Krisen gekommen ist und dann noch einmal jung sein möchte, hat es eigentlich nicht anders verdient. Es wäre die größte Strafe, die sich denken läßt: wieder ahnungslos werden, alles noch vor sich haben, alle Fehler noch einmal begehen müssen – nicht auszudenken!

Wenn wir jung im übertragenen Sinne verstehen, heißt es: beweglich, interessiert, aufnahmefähig, frei von Gebrechen und erfüllt von Hoffnungen. Besser würde man statt der Phasenbezeichnung »jung« die Eigenschaftsbenennung »jugendlich« verwenden und, statt jung zu bleiben, jugendlich werden: durch immer neue Interessensgebiete, die sich einem eröffnen, durch Neugier und Nachfrage, durch Reisen und Sich-weiterbilden, durch Gespräche und Ohrenspitzen. Möglichst lange jung bleiben ist ein ebenso defensives wie, da von vornherein aussichtslos, deprimierendes Unterfangen. Gewesenes läßt sich nicht halten und Kommendes nicht verhindern. Wir werden älter, und wer nicht ganz dumm ist, weiß dies auch, und wer noch etwas klüger ist, will es sogar, weil er weiß: Jedes Lebensalter hat sein Licht und seine Schatten.

Mögen mit der Anzahl der Jahre einige Schatten auch länger werden – die Sinne werden schwächer, die Motorik schwerer –, so leuchtet auf der anderen Seite gegen Abend das Licht um so heller: Einsicht und Erinnerung, Klugheit und Erfahrung, Urteil und Zusammenschau, Besonnenheit und Bewußtheit – vielleicht sogar Humor und Heiterkeit, diese »köstliche Zierde des Alters«, wie Papst Johannes Paul II. sie einmal bezeichnet hat, der das Alter im Einklang mit der Bibel die »Krone der Stufen des Lebens« nannte. Wer um jeden Preis jung bleiben möchte, begibt sich dieser Krönung, wird auch kaum jugendlich, sondern eher peinlich wirken. Damit ist nicht der löbliche Versuch gemeint, sich frisch und fit zu halten, sondern nur die blinde Panik, mit der dies geschieht, und die trügerische Hoffnung, jene Jugend verewigen zu können, die manche für den höchsten und einzigen Wert des Lebens halten. Sie merken nicht, wie sie sich selbst und ihre Zukunft damit abwerten, ihre Hoffnung von vornherein enttäuschen und ihr Leben in eine schier aussichtslose Sackgasse manövrieren.

So und nur so bringen sie es zustande, das herbeizuführen, was sie befürchten, nämlich eines Tages zum »alten Eisen« zu gehören, aufs Abstellgleis geschoben zu werden, nicht mehr dazuzugehören – wer will sich von kindischen Greisen schon etwas sagen lassen, und wenn die Bibel fordert: Das Alter soll man ehren, und vor einem grauen Haupte sollte man aufstehen, läßt sich schwer vorstellen, daß dies genauso für ein geliftetes und gefärbtes Haupt gelten sollte.

Jung bleiben im wahren, im geistigen Sinne kann nur, wer sein jeweiliges Alter bejaht und die vor ihm liegende Lebensstrecke nicht zum Überbleibsel und ärmlichen Rest degradieren läßt, sondern wer sein Leben jeden Tag neu beginnt und sich dem Zauber des Anfangs ausliefert, den das Leben bis ins Alter behalten kann, wenn wir aufhören, uns der Panik über den Verlust der Jugend anheimzugeben, die ohnehin nicht zu halten ist. Den letzten Tag leben, als ob er der erste wäre – in dieser Einstellung gleicht die Zahl der Jahre sich aus. Der Augenblick zählt!

Kreativität

Jeder von uns kann ein schöpferischer Mensch werden, wenn es ihm gelingt, seine Einfälle über die Bewußtseinsschwelle treten zu lassen, und wenn er sie ernst nimmt. Kreativ zu sein ist nicht so schwierig, wie man glauben mag. Jeder hat die Fähigkeit, aus sich selbst heraus etwas zu verwirklichen.

Wichtig ist dabei vor allem, daß wir uns nicht an Genies wie Michelangelo oder Albert Einstein messen. Fangen wir bescheiden an!

Versuchen Sie einmal, eine Handarbeit nach eigenen Entwürfen, nicht nach einer vorgegebenen Schablone, herzustellen. Machen Sie einen Plan, wie Sie Ihren Garten neu gestalten. Die Dachkammer Ihres Hauses steht leer und ist ungenutzt; das sollten Sie vielleicht ändern, seien Sie Ihr eigener Innenarchitekt. Ein Ereignis in Ihrer Stadt ärgert Sie, das bestimmten Politikern zuzuschreiben ist. Zögern Sie nicht, und schreiben Sie einen Leserbrief.

Wichtig hierbei: Winken Sie bei diesen Vorschlägen nicht überheblich ab, sondern fangen Sie an. Überheblichkeit hilft nie weiter.

Zu viele Menschen spüren immer wieder, wie sie an die Grenzen ihrer Möglichkeiten stoßen. Einige geben trotzdem nicht auf. Bei ihnen kommt es zu einem Spannungszustand, der darauf drängt, gelöst zu werden. Geduldig suchen sie nach Gelegenheiten und Wegen, die Grenzen zu sprengen und doch noch ans Ziel zu kommen.

Andere vermeiden es überhaupt, in den Umkreis schöpferischen Denkens zu geraten. Sie gehen den bequemen und einfachen Weg und begnügen sich mit der reproduktiven Leistung. Diese Haltung hat ihre Ursachen:

Zuviel ist in unserm Alltag genormt und vorgegeben, jede gezielte Schulung mit einer bestimmten Absicht engt den Freiraum der Phantasie ein, Autoritätsfurcht hemmt die Entfaltung.

Es gibt jedoch sehr wohl Möglichkeiten, dem Schöpferischen ein wenig den Weg zu ebnen. An erster Stelle wäre die produktive Unzufriedenheit zu nennen, die die Phantasie beflügelt. Von Bedeutung ist außerdem, daß man Grenzen des Denkens und Handelns überschreiten kann, also Betriebsblindheit, Spezialistentum und starre Routine ausräumt, daß man weiterhin zu jeder Zeit und an jedem Ort bereit ist, sich von neuen Ideen inspirieren zu lassen und sie sofort zu notieren.

Das Schöpferische bedarf schließlich auch der Synthese der Gegensätze, also des Wechsels von Planung und Zufall, von Arbeit und Spiel, von Bewußtem und Unbewußtem.

Kinder können, da sie noch am wenigsten in Normzwängen leben, in zauberhafter Weise kreativ sein. Geben Sie ihnen einmal Kasperlefiguren in die Hand und lassen Sie sich beglücken von dem phantasievollen Spiel der Kinder. Legen Sie ihnen alte Kleider hin, damit sie sich verkleiden und Rollen spielen können. Bieten Sie ihnen Ton, Holz, Farben, Knetmasse an. Kinder können noch am besten aus sich heraus Neues gestalten.

Kreativität am Arbeitsplatz ist nur in wenigen Betrieben von allen Beschäftigten gefragt, in seltenen Fällen werden gute Ideen, die den Arbeitsprozeß vereinfachen oder beschleunigen, mit Prämien honoriert.

Oft ist aber beobachtet worden, daß Entwicklungsingenieure, die eigens dazu engagiert waren, neue Konzepte zu entwickeln, weniger gute Einfälle hatten als die Arbeiter. Das ist ein Beweis mehr dafür, daß man unter dem Druck von Zeit und Leistung keine Kreativität erwarten kann.

Die Fähigkeit, kreativ etwas hervorzubringen, wird zu gerne in die Nähe des Klischeebildes vom Wunderkind gerückt, dem eine höhere Eingebung zugefallen ist.

Die Ehrfurcht vor diesem »Göttlichen« hat bewirkt, daß schöpferische Initiative bis heute bei uns sehr selten geblieben ist und damit erst recht ein Gegenstand weiterer Bewunderung wurde.

Aus sich heraus etwas gestalten kann jeder, wenn er sich für neue Eindrücke öffnet, wenn er nicht verlernt hat, zu staunen wie ein Kind, wenn er sensibel genug ist und zu denken oder anzufangen wagt.

Stellen Sie sich an Wintertagen einmal ans Fenster und schauen Sie zu, wie der Wind die Baumwipfel biegt. Legen Sie sich im Sommer auf eine Wiese und beobachten Sie das Spiel der Wolken. Saugen Sie die Schönheit einer Landschaft in sich auf. All dies sind Ruheräume, sind Vakuen, in denen neue Ideen entstehen.

Messen Sie sich nicht an Genies. Fangen Sie bescheiden an. Geben Sie nicht auf, auch wenn das Vorgenommene nicht gleich gelingt. Gehen Sie gelöst und zwanglos ans Werk. Mit Geduld und Ausdauer erreichen Sie Ihr Ziel.

Wozu aber überhaupt ein Plädoyer für schöpferisches Tun? Es geschieht unseres Glückes wegen. Wenn etwas glücklich macht, dann die Gewißheit, aus einer neuen Idee heraus selbst etwas gestaltet zu haben.

Lebensplanung

Es ist sehr schwer, Allgemeines über Lebensplanung zu sagen. Wie fern oder greifbar, wie groß oder bescheiden man sein Lebensziel fassen will, aus dem sich die Lebensplanung ergibt und die konkrete Lebensführung ableitet, hängt von jedem selbst ab und davon, was man sich zutraut. Wichtig ist die positive Grunderwartung, die Entschlossenheit, das Positive anzunehmen und alle künftigen Augenblicke als Chance zu betrachten, es verwirklichen zu können. Glaube und Vertrauen sind die Haltung, die dazugehören, die sich aber auch aus dieser Entscheidung entwickeln. Wir wissen noch nicht,was die Zukunft bringt, und darum bleibt uns keine andere Wahl, als in der Grundhaltung sicherer Erwartung – wir nennen sie Zuversicht – auf sie zuzugehen. Wenn wir darauf verzichteten, hieße das, sich vom Wechsel der Umstände abhängig zu machen. Eine Zielperspektive verleiht dem Augenblick Sinn und unserem gegenwärtigen Tun zusätzlich Antrieb. Eine solche Lebensführung macht uns frei von Hemmungen und Verklemmungen. Sie überwindet Neurosen und Depressionen – ähnlich wie ein Auto, das in voller Fahrt zu einem Ziel Unebenheiten des Weges und Schlaglöcher gleichsam überfliegt, statt in ihnen steckenzubleiben.

Jedoch endet der Höhenflug einer geplanten Lebensführung nur dann nicht mit einer Bruchlandung, wenn auch die Zeitschritte in die Planung hineingenommen, ja systematisch integriert werden. Zeit ist unsichtbar, und wenn wir sie nicht messen, rinnt sie an uns vorbei, ohne daß wir wissen, woher sie kommt und wohin sie geht. Sie ist konturlos, aber gleichmäßig und zuverlässig, wenn wir sie einteilen. Wenn sie uns nicht zerfließen soll wie Sand zwischen den Fingern, ist dies dringend nötig.

Wir müssen unsichtbare Zeit sichtbar machen. Die lineare Zeit, in der wir etwas hinter uns bringen und etwas vor uns haben, müssen wir zusätzlich strukturieren. Zu der Quantität der Sekunden und Minuten, der Stunden und Tage, der Wochen und Monate muß die Qualität kommen, mit der wir sie ausfüllen und sinnvoll machen. Ob wir Zeit als sinnvoll oder sinnlos erleben, hängt von strukturierenden Entscheidungen ab, und wir können gar nicht früh genug damit beginnen.

Zeitplanung dient dazu, die Zukunft ein wenig zu präparieren, um nicht jeden Augenblick auf die verwirrende Menge zahlloser Möglichkeiten zu stoßen und uns damit überfordern zu lassen.

Durch Planung wird größere Konsequenz in den Entscheidungsprozessen und damit ein höherer Wirkungsgrad garantiert. Ein Zeitplan muß den jeweiligen Erfordernissen und Zielen entsprechen. Wenn wir ihn aber nicht schriftlich fixieren, bleibt er unverbindlich und fällt unseren Launen und Vergeßlichkeiten zum Opfer. Das betrifft die großen Planungen genauso wie den Stundenplan. Der Sinn ist ein doppelter: Zum einen wird das Ziel noch einmal deutlich umrissen und festgehalten, zum anderen wird dieses Ziel leichter erreicht, wenn wir den Weg dahin in überschaubare, klar abgegrenzte zeitliche Schritte zerlegen.

Jedes größer gesteckte Lebensziel schüchtert ein, wenn wir es uns als ganzes vorstellen. Nur Übermenschen können so etwas wagen. Ansonsten sind wir darauf angewiesen, zu zerlegen und sichtbar zu zerkleinern, um den Mut nicht zu verlieren und um den nächsten Schritt tun zu können.

Die Planung beginnt schon bei der täglichen Arbeit, ob im Beruf oder im Haushalt. Viele Menschen haben ständig ein schlechtes Gewissen und das Gefühl, sie arbeiteten nicht genug. Wenn wir uns einmal klarmachen, was wir tun, können wir prüfen, ob dieses Gefühl berechtigt ist.

Ein Zeitplan, ob kurz-, mittel- oder langfristig, muß ausgewogen sein. Er muß Ruhepunkte, Schwerpunkte und Höhepunkte enthalten. Schon beim Anschauen des Plans, der in der genannten Weise ausgewogen ist, stellt sich das Gefühl der Lust ein, damit zu leben und zu arbeiten. Jeder Mensch braucht dieses Gefühl. Es erwächst daraus, daß es neben Pflichten auch Rechte, neben Arbeit auch Freizeit, neben Leistung auch Lust gibt. Darum sind längere Verschnaufpausen, kleine Ferien und ein belohnender Wochenabschluß mit einzuplanen und in den Plan sichtbar aufzunehmen.

Die Entscheidung, die eigene Lebensplanung wichtig zu nehmen, verändert die Lebensführung und die Beziehung zu unseren Mitmenschen. Sie strafft Energien, erhöht das Lebensgefühl und die Leistung und läßt uns zufrieden und glücklich werden.

Jede Planung muß aber flexibel bleiben für Improvisationen, für Unvorhergesehenes. Kein Plan kann total gelten und alle Faktoren erfassen. Bei jeder Planung werden wir uns lieber auf ein absolut sicheres Minimum beschränken und Raum für Zusätze offenlassen, als auch diese notwendigen Abweichungen schon gleich mit einzuplanen.

Die beste Einteilung kann jeder nur für sich selbst finden und einüben. Diejenige Planung ist die beste, die den Erfordernissen und dem persönlichen Rhythmus am besten entspricht. Häufig müssen wir Kompromisse machen, wobei wir möglichst versuchen sollten, die gestellten Aufgaben unserem Rhythmus anzupassen. Das wird nicht immer und nicht jedem gelingen. So müssen wir nicht selten auch unseren Rhythmus den Aufgaben anzupassen versuchen.

Gewöhnlich planen wir im Leben ja die Ziele ein, die

wir uns wünschen. Gelegentlich aber werden unsere Wünsche durch die Tatsachen umgeworfen, und dann muß unsere Planung flexibel genug sein, dem Rechnung zu tragen. Ein starrer Plan ist kein Plan. Lebensplanung bedeutet, daß man nicht nur lebt, sondern sein Leben führt, daß man es in die Hand nimmt, bewußt lebt, sich langfristig etwas vornimmt, weil es so leichter ist, das Vorgenommene zu erreichen. Wenn man es nicht erreicht, werden zwar Krisen eintreten können, aber wenn der Plan nicht starr und diktatorisch ist, wird man diese Krise meistern können.

Planung entspringt aus Zukunftsvertrauen und dem Selbstbewußtsein, Ziele verwirklichen zu können.

Es ist menschlicher, ein Leben zu führen, als sich nur durchs Leben treiben zu lassen. Planung ist zwar nicht alles, aber die Erfüllung unserer Pläne ist eine Perspektive des Glücks und dient unserer inneren Ausgeglichenheit.

Lebensweisheit

Lebensweisheit kann man wahrscheinlich nur erwerben, wenn man sich mit dem Tod beschäftigt, sich auch vertraut damit macht und versöhnt.

Für unsere Vorfahren war das viel selbstverständlicher: Man starb nicht auf den Straßen und in den Spitälern, sondern in der Familie. Und so gab es neben einer Reihe von Lebensratgebern auch Sterberatgeber, etwa mit dem aufmunternden Titel »Nützlicher Zeitvertreib auf dem Kranken- und Sterbebette« oder »Die Kunst, großmütig und selig zu sterben«.

Ein wenig von dieser Kunst zu erlernen gehört sicher zur Würde des Menschen. Aber so weit sind wir zum Glück noch nicht, sondern halten es eher mit dem Gebet eines katholischen Pfarrers aus Isny aus dem Jahr 1864:

»Lieber Gott und Herr, setze dem Überfluß Grenzen und laß die Grenzen überflüssig werden.
Nimm den Ehefrauen das letzte Wort,
und erinnere die Ehemänner an ihr erstes.
Gib den Regierenden ein besseres Deutsch
und den Deutschen eine bessere Regierung,
uns und unseren Freunden mehr Wahrheit
und der Wahrheit mehr Freunde.
Bessere solche Beamten, die wohl tätig,
aber nicht wohltätig sind,
und laß die, die rechtschaffen sind,
auch Recht schaffen.
Sorge dafür, daß wir alle in den Himmel kommen,
aber wenn Du willst, doch bitte nicht gleich!«

Im alten Israel gab es Weisheitsschulen. An unseren Schulen wird Wissen vermittelt, aber an den nötigen

Lebensweisheiten fehlt es. Entsprechend verhalten sich die Menschen offensichtlich auch. Wenn Nachbarn Streit haben, ziehen sie vor Gericht. Wenn Ehepartner das Rechthaben wichtiger nehmen als das Liebhaben, landen sie häufig auch dort. Und wenn die Generationen miteinander im Streit liegen, zeugt das auch nicht gerade von Lebensweisheit.

Aber was macht die Lebensweisheit aus? Und was bringt denn das Glück?

Sicher auch dies, daß wir das Gegenteil einbeziehen: Wer gewinnen will, muß auch verlieren können. Glück empfindet der am intensivsten, der auch Schmerz und Leid kennt. Und zufrieden dankbar sind meistens diejenigen, die Konflikte und Krisen gemeistert und verarbeitet haben.

Lebensweisheit besteht offenbar darin, daß wir nicht ein ganz anderes Leben haben wollen als das uns vom Schicksal einer höheren Hand zugeteilte. Wer alles ändern will, aber sich nicht ändert, ist von der Lebensweisheit weit entfernt. Vielleicht ist das einzige, was wir auf der Welt ändern können, unser armes, kleines bescheidenes Ich und der nächste Schritt in unserem Leben.

Und weise lebt auch der, der den nächsten Schritt bedenkt, und nicht den übernächsten vor dem ersten tun will.

»Nenne niemand dumm und säumig,
der das Nächste recht bedenkt.
Ach, die Welt ist so geräumig,
Und der Kopf ist so beschränkt!«

Sagt Wilhelm Busch mit Recht. Wer diese Beschränkung erlebt, hat mehr Chancen, lebensweiser zu werden, als der, der die Welt ändern möchte, aber nicht zunächst bei sich selbst anfängt. Das klingt nach Resignation. Doch gibt es davon zwei Formen: eine nega-

73

tive, die dem Gram und der Verbitterung sehr ähnelt, und eine positive, heitere Resignation, die Beschränkung, in der sich nach Goethe erst der Meister zeigt. Treffend sagt Wilhelm Oetinger:

»Herr, gib mir die Kraft,
zu ändern, was ich ändern kann,
die Demut,
anzunehmen, was sich nicht ändern läßt,
und die Weisheit,
zwischen beidem zu unterscheiden!«

Lebensweisheit besteht also bei genauerem Hinsehen aus einer Vielzahl von Beschränkungen. Sie bedeutet, aus Verlusten Gewinn zu ziehen – so wie eine Muschel aus ihrer Verletzung eine kostbare Perle wachsen läßt.

Liebesglück

Glück möchten wir alle haben – wir verstehen nur Unterschiedliches darunter. »Glück gehabt«, sagt derjenige, der gerade noch vor einem rasenden Auto zurückspringen konnte und nicht überfahren wurde; aber auch derjenige mit den sechs Richtigen im Lotto oder jemand, der in einer kritischen Operation vom quälenden Gallenstein befreit wurde.

Die meisten jedoch denken bei Glück zuerst vor allem an eines: das Glück in der Liebe.

Den Partner fürs Leben gefunden zu haben, der fast alle Träume erfüllt und mit dem wir immer aufs neue Liebe, Lust, Leidenschaft oder einfach Freude erleben – das ist wohl das höchste Glück auf Erden.

Und wenn so viele Partnerschaften scheitern und Ehen geschieden werden, so zeugt das nicht davon, daß dieses Glück uns nichts bedeutet: im Gegenteil! Es spricht gerade dafür: Liebe geht uns über alles, so daß wir unentwegt danach streben, den richtigen, zu uns passenden Partner zu finden, mit dem wir endlich richtig glücklich sein können.

Aber darüber vergessen wir häufig, daß das Glück nicht nur in der Wahl, sondern vor allem im Alltag der Liebe zu finden ist. Dann kann es auch länger anhalten, vielleicht sogar ein Leben lang. Was nützt uns das Glück für eine Nacht, wenn man sich beim Frühstück schon anödet? Liebesglück soll dauerhaft sein, und dafür muß man etwas tun.

Für viele ist es überraschend, für Psychologen selbstverständlich: Glück will erarbeitet sein und ist zugleich ein Geschenk. Aber das eine geht nicht ohne das andere, und die folgenden Voraussetzungen müssen gegeben sein: Ich muß mich selbst mögen, um eine gewisse

Ausstrahlung zu haben, die auf den anderen erotisch wirkt. Selbstsicherheit macht sexy. Wer sich selbst akzeptiert, ja liebt, wird auch eher vom Partner akzeptiert und geliebt. Dies muß man schon am Gesicht erkennen: Wer viel lacht oder doch lächelt, gewinnt leichter Liebe, wirkt schöner und ist erotischer, macht den anderen glücklicher und stärkt die Bindung. Positive Gefühle erwecken positive Gefühle und damit auch Liebe. Über die Brücke des Lächelns flutet sie hin und her und verstärkt sich immer wieder aufs neue.

Der andere muß einem so wichtig sein, wie man sich selbst sieht. Das zeigt sich darin, daß ich mich für ihn interessiere, und das nicht nur vordergründig und aus Neugier. Ich nehme Anteil an seinem Leben, seinem Denken und Fühlen, seinem Glück und seinen Schmerzen. Das Sprichwort trifft zu: Geteilte Freude ist doppelte Freude, geteiltes Leid ist halbes Leid. Wenn man sich das täglich beweist, verstärkt sich die Liebe und erhält sich das Glück.

Gefühle haben und Gefühle zeigen! Wer keine Gefühle hat, kann weder richtig lieben noch richtig geliebt werden. Ich muß ihnen also in mir Raum geben, sie in mir bejahen und im anderen neu entdecken. Die Gefühle dürfen unter den Notwendigkeiten des Alltags nicht verkümmern!

Deshalb: einmal einen ganzen Tag lang das Telefon abstellen, Gefühle austauschen, miteinander kuscheln und schmusen, Zeit füreinander nehmen und Freude aneinander haben!

Über den eigenen Schatten springen oder sich frei machen von Angst und Hemmungen! Ängstlichkeit kann der Tod einer Liebe sein. Zur Liebe gehört auch Beherztheit und der Mut, Zärtlichkeit auch zu ungewöhnlichen Tageszeiten und an ungewöhnlichen Orten zu zeigen und zu wagen. Ich lasse mir etwas einfallen, womit der andre nicht gerechnet hat, was ihn überrascht, beglückt und ihn vor Begeisterung aufjubeln läßt. Das müssen keine Brillanten oder Designerkleider sein – es genügt oft ein Kärtchen mit einem liebevollen Wort und einer Blume dazu, ein Schaufensterbummel, ein kleines Buch oder eine CD. Ähnlich wie kleine Geschenke die Freundschaft erhalten, pflegen kleine Gesten das Liebesglück. Es ist auf diese »Zwischenmahlzeiten für den kleinen Hunger« angewiesen.

Die Spannung muß erhalten bleiben! Der Wechsel von Nähe und Distanz und die richtige Balance zwischen beidem ist unendlich wichtig für das Liebesglück. Wenn einer zuviel Nähe braucht, weil er nicht in sich ruht, fällt er dem andren oft zur Last und wird abgewehrt. Wer sich zu sehr zurückzieht und Distanz einlegt, läßt den anderen »am ausgestreckten Arm verhungern«. Beides muß abgestimmt und ausgewogen sein. Wir brauchen alle ein gewisses Maß an Selbständigkeit, aber ein ebensolches Maß an Nähe und Wärme. Dies kann man mit der Zeit lernen, aber man muß es auch lernen, wenn nicht Frustration und Überdruß eintreten sollen. Dazu bedarf es der Aussprache und der ständigen Abklärung. Die Bedürfnisse des anderen sind ebenso zu berücksichtigen wie die eigenen.

Jung bleiben und interessant sein, also die Faszination des Kennenlernens immer wieder erneuern! Nie darf man da stehen bleiben, wo man war! Beide können und sollen sich miteinander weiterentwickeln. Insofern ist auch jeder für den anderen und seine Entwicklung mitverantwortlich. Um einander werben, aber auch zueinander stehen, wenn es dem einen schlecht geht, sich auf ihn verlassen können – so bleibt man füreinander interessant und wichtig, und so wird das Liebesglück zwar nicht in einer Frischhaltepackung konserviert, aber doch immer wieder neu gewonnen und erarbeitet – auch wenn es letzten Endes ein Geschenk des Himmels ist: Es kann auf Erden genossen werden.

Lust

Lust gehört in engen Zusammenhang mit Liebe und kann zu einem Synonym für Freude werden. Was wir gern tun, was uns Spaß macht, was uns erfüllt, begeistert, hochreißt, Schwung und Hoffnung gibt – all das als positiv Erlebte bezeichnen wir mit dem Wort »Lust«. Darin kann auch die geistige Freude der Lektüre oder des Kunstgenusses und natürlich erst recht die kreative Lust des Schaffens eingeschlossen sein. Insofern ist Lust, verstanden als Lebensfreude, etwas, worauf niemand verzichten und ohne das niemand leben und vor allem nicht glücklich werden kann. Diese Art Lebenslust setzt den Einklang mit der Schöpfung, setzt allerdings auch Gesundheit und innere Ausgeglichenheit, sozialen Frieden und zwischenmenschliche Harmonie voraus. Sie begeistert sich am Blühen und Wachstum der Natur, an Sonnenschein und Windesrauschen, an allem Guten, auch am Geistigen, Geistlichen und Göttlichen.

Besonders aber bringen wir Lust – wie gesagt – mit Liebeslust in Verbindung, und hier gibt es einen merkwürdig paradoxen Zusammenhang: Die Liebe gehört zur Lust, aber die Ehe bringen wir mit Last in Verbindung. Einer der häufigsten Trausprüche ist nach wie vor: »Einer trage des anderen Last ...«, so als sei es auf ewig ausgemacht, daß die Ehe weniger eine Lust als eine Last sein müsse. Sicher braucht man jungen Leuten bei der Hochzeit von Lust und Freude nicht besonders viel zu sagen: Sie sind ohnehin davon erfüllt. Sicher wird auch jede Ehe Last und Leid erleben, aber sollte man nicht dennoch Lust und Freude stärken und ermutigen?

Die Vorstellung, die Geschlechtlichkeit eher mit Sünde als mit Lust zu verbinden, hat sich aus dem Mittelalter herübergerettet, als es verpönt war, seinen Ehepartner sinnlich zu lieben. Man hielt die Lust in Liebesdingen für unanständig. Zeugung und Fortpflanzung, allenfalls noch die gegenseitige Fürsorge, legitimierten die Ehe, und so ist es weitgehend heute noch. Auch im Eherecht ist von der Verpflichtung zur ehelichen Lebensgemeinschaft, natürlich nicht von Lust und Freude die Rede.

Da macht der katholische Eheberater Friedrich Freiherr von Gagern in seinem Buch »Eheliche Partnerschaft« eine bemerkenswerte Ausnahme. Er schreibt: »Verdrängen Menschen ihr naturhaftes Lustverlangen, weil sie es als böse und sündhaft ansehen, dann beobachten wir gewöhnlich, daß sie als Folge dieser Lebenslüge die Wärme ihres Herzens verlieren und in Herzenskälte und Herzenshärte verfallen. Ohne diese Triebkraft verliert ihre Entwicklung zur menschlichen Vollreife hin ihren lebendigen Elan.« Gerade der Mangel an diesem Elan und an Lebenslust wird den Erwachsenen und ihrer Art, die Ehe zu führen, von jungen Leuten am meisten übelgenommen. So führt die verständliche Reaktion gegen den herrschenden Sexkult bei vielen gerade verantwortungsvollen Eltern dazu, daß sie Jugendlichen gegenüber den Wert von Innerlichkeit und seelischer Übereinstimmung loben und dabei den der sinnlichen Zärtlichkeit und leiblichen Lust zu kurz kommen lassen, wenn nicht gar verdrängen und leugnen.

Die Folgen dieses Umwertungsprozesses hat schon der berühmte Schweizer Eheberater Theodor Bovet in seinem Buch »Alltag und Wunder in der Familie« so charakterisiert: »Die Unterscheidung einer natürlichen, nur-menschlichen Liebe, die sich unter anderem auch im Eros ausdrückt, von einer übernatürlichen, göttlichen Liebe, die den Eros überwindet und verschwinden läßt, hat verhängnisvolle Folgen. Dadurch genießt der

Mensch seine natürliche und erotische Liebe nur mit schlechtem Gewissen – wenn er sehr fromm sein will, verdrängt er sie ganz –, und dann bemüht er sich krampfhaft um die ›göttliche Liebe‹, die sich in der Ehe nur als blasse ›Nächstenliebe‹, also allenfalls sogar Mitleid ausdrückt. Dadurch entstehen die langweiligen und Langeweile ausstrahlenden ›christlichen Ehen‹, deren Kinder später fröhliche Heiden werden.«

So hat also die Lustverdrängung auch in diesem ganz elementaren Sinne häufig nur negative Folgen. Liebe und Lust dürfen keinesfalls getrennt werden. In der Hingabe der Vereinigung erfährt der Mensch sich selbst, gerät außer sich und über sich hinaus. In der höchsten Lust der Liebe, die nichts Trennendes duldet, verliert und vergißt er sich selbst, wird eins mit dem Du und wird zugleich des Ewigen inne. Natürlich ist das Wesentliche hieran nicht der Sex – der kennt nur Orgasmus –, sondern die Liebe, die alles hingibt, alles vergißt und alles erhofft. Gagern schreibt mit Recht: »Es ist nicht vermessen, die Geschlechtslust zweier Menschen in der Liebesvereinigung in Beziehung zu setzen zur ewigen Beseligung und Freude, die dem Menschen in der Vereinigung mit Gott, in der letzten Erfüllung seines Menschseins verheißen ist.« So kann also nicht Minderung der Lust der Sinn der Ehe sein, sondern gerade ihre Liebeserfüllung.

Der Liebende erlebt in der Liebe eines Menschen zugleich eine höhere Liebe, die Liebe dessen, der so viel Freude schenkt. »Nur wenn die göttliche Liebe irdisch wird«, sagt Theodor Bovet, »kann sie den Menschen ganz erfüllen, aber nur, wenn der erotische Schauer als göttliche Liebe erlebt wird, kann er die Menschen von Grund auf umwandeln.« Nur wenn sich diese Dimension auftut, kann man im vollen und im klassischen Sinne letzte Erfüllung ausrufen: Es ist eine Lust zu leben!

Menschenwürde

Die Menschenwürde ist das Axiom, auf dem die bundesrepublikanische Verfassung beruht. In Artikel 1 des Grundgesetzes heißt es: »Die Würde des Menschen ist unantastbar. Sie zu achten und zu schützen ist Verpflichtung aller staatlichen Gewalt.« Darauf beruht unser Rechtsstaat. Sie ist dem Menschen gegeben – schon dadurch, daß er Menschenantlitz trägt. Und sie ist jedem Menschen eigen, ob er schwarz oder weiß, rot oder gelb, Christ, Mohammedaner oder Buddhist, ob er gesund oder krank, strahlend schön oder häßlich, verkrüppelt, geistesschwach oder genial ist. Der Schwerverbrecher genießt diese Würde ebenso wie der Held oder der Heilige, falls es ihn gibt, der Feind der Verfassung genauso wie der oberste Repräsentant des Staates oder der Rechtsordnung.

Unsere Verfassung ist von riskanter Weitherzigkeit gerade in ihren Fundamenten. Sie ist es aus gutem Grund. In ihr klingen die Verbrechen gegen die Menschenwürde aus der Zeit noch nach, die ihr vorausging. »Untermenschen« oder »lebensunwertes Leben« schließt sie eindeutig aus; der Artikel 1 gehört zu jener Grundsubstanz der Verfassung, die durch keine noch so große Mehrheit angetastet werden darf, so bestimmt es die Verfassung selbst.

An dieser Stelle ist sie von einer durch tiefes Erschrecken aufgeklärten radikalen Christlichkeit. Nach christlichem Glauben sind vor Gott alle Menschen gleich. Vor ihm ist jedes menschliche Leben lebenswert, ja gleich viel wert – ein Grund für Barmherzigkeit und Schutz des Lebens.

Die Verfassung begründet dieses Axiom nicht weiter, wie man Axiome eben auch nicht begründen kann. Für

81

den Christen gibt es dennoch einen Grund für diese Menschenwürde: Er ist das Geschöpf Gottes, und seine Liebe verleiht sie ihm unverdient und unverlierbar. Keine noch so entstellende Abartigkeit, kein noch so unmenschliches Verbrechen kann sie ihm nehmen. Jeder Einzelne kann sie bei sich selbst beschmutzen, bei anderen verletzen – zerstören kann er sie nicht. Die irdische Justiz bemüht sich, die verletzte Würde wiederherzustellen. Für den Christen ist sie in Gottes Gnade aufgehoben – unverdient und unverlierbar.

Sie ist zweifellos ein Absolutum. Das heißt nicht, daß sie sich nicht auch konkretisiert. Aus ihr leitet sich die Forderung auf Humanisierung aller Lebensbedingungen ab: Der Strafvollzug muß die Menschenwürde achten und Erniedrigungen, Folter, Verletzungen der Persönlichkeitssphäre meiden. Erziehung muß die Persönlichkeit des Kindes und Jugendlichen achten und ihre Selbständigkeit und Mündigkeit zum Ziel haben. Die Massenmedien haben die Intimsphäre der Persönlichkeit zu respektieren und das Bild des Menschen nicht zu verzerren und zu vereinseitigen. Medizin und Psychologie müssen von einem ganzheitlichen Bild des Menschen ausgehen und die Gesundheit des ganzen Menschen zum Ziel haben, ihn nicht als Objekt manipulieren, nicht nur sein physisches Leben verlängern ohne Rücksicht auf womöglich gleichzeitige seelische Qual. Die Menschenwürde als Grundlage unserer Rechts- und Lebensordnung hat Konsequenzen bis in die ganz alltäglichen Bereiche von Familie und Nachbarschaft, Wohnungsbau- und Arbeitsplatzgestaltung, Umweltschutz und Regelung des Straßenverkehrs. Die Gesellschaft unterliegt ständig dem stummen Maßstab der Menschenwürde, und sie muß sich die Frage gefallen lassen, ob sich in ihr der Mensch, der sie macht, noch selbst ins Gesicht sehen kann. Nach christlichem Verständnis ist dieses Gesicht das Ebenbild Gottes, das von allen möglichen Verletzungen unangetastet ist, sozusagen der Bildstock im Tresor, von dem alle Kopien gezogen sind. Mögen diese alt, vergilbt, zerrissen oder beschmutzt sein – das ewige Urbild wahrt den Prägestempel der Menschenwürde bis in alle Zeiten und über alle menschliche Tat und Untat hinaus. In ihm sind wir im Hegelschen Sinne dreifach aufgehoben: erledigt, erhöht und bewahrt in Ewigkeit.

Darauf kann man sein Leben bauen und es führen, auch im Alltag mit seinen Konflikten.

Mutterliebe

Wer von uns hat nicht von der Mutter gezehrt – als Säugling sowieso, als Kind und nach der notwendig konfliktreichen Ablösung in der Pubertät und auch als Erwachsener? Und wenn wir uns später an sie erinnern, wird uns dann nicht warm und wehmütig ums Herz? Man ist versucht, Situationen in Erinnerung zu rufen, die sentimental, ja kitschig wirken: wie sie uns tröstete im größeren und kleineren Unglück, uns »Heile, heile Segen« auf die Wunde pustete, uns gegen den ungerechten Lehrer – oder auch Vater – vertrat wie eine Löwin ... Ach, man könnte tausend Gelegenheiten schildern, aber schon wäre man in der Gefahr, den Mythos zu kultivieren, der um die Mutterliebe wabert.

Die Ideologen der bürgerlichen Familie im 19. Jahrhundert, die die Frau und Mutter ins Haus verbannten, haben den Mythos Mutterliebe aufgebaut, die Nazis haben ihn zur Hochform gesteigert und kinderreichen Müttern das Mutterkreuz verliehen, aber kein Erziehungsgeld und keinen Rentenanspruch gewährt.

Nun, damit ist die Mutterliebe nicht entwertet, allenfalls mißbraucht worden. Erstaunlicherweise wird heute nicht mehr nur in der römisch-katholischen Kirche die Muttergottes verehrt, und nicht mehr nur dort wird im Marienkult die Reinheit sowie die selbstlose Mutterliebe verherrlicht. Nein, auch Christen anderer Konfessionen haben inzwischen die weibliche Seite Gottes wiederentdeckt.

Demnach ist Mutterliebe großartig und grenzenlos, maßlos und aufopfernd und entspricht somit dem Maßstab, den der Apostel Paulus im 1. Korintherbrief der Liebe setzt: »... sie hofft alles, sie duldet alles. Die Liebe hört nimmer auf.«

Seltsamerweise aber erwähnt Paulus die Mutter nicht als leuchtendes Beispiel dieser Liebe. War ihm die Gefahr eines einseitigen Kultes klar? Gab es zu seiner Zeit die Gloriole um das Haupt der Mütter noch nicht? Wahrscheinlich war die Mutter Gottes für ihn immer noch die Magd des Herrn. Ihm ging es um die Liebe, die aus dem Geist Gottes kommt. Auch wenn der biologische Muttertrieb im Interesse der Arterhaltung der Liebe dienlich sein kann – Mutterliebe ist nicht dasselbe wie die Liebe, die die Bibel meint.

Die Glorifizierung der Mutterliebe beschränkt jedoch nicht nur die Frauen in ihren tatsächlichen Möglichkeiten, sondern auch die Väter. Die Vaterliebe gerät automatisch in den Schatten, ja in Vergessenheit. Gewiß, der Vater hat keine Chance, seine Liebe schon während der Schwangerschaft und der Stillphase so sinnlich und unmittelbar zu beweisen wie die Mutter. Nie kann er diese Einheit bilden, die Maler und Dichter inspirierte. Er kann seine Liebe zunächst nur indirekt beweisen, gegenüber seiner Frau und damit auch gegenüber dem gemeinsamen Kind.

Vielleicht ist deshalb die Vaterliebe nicht kultfähig. Vaterschaft als Hauptberuf ist aber wohl auch wegen der fehlenden Östrogene und der fehlenden Honorare so wenig attraktiv. Hinzu kommt: Wo eine Mutter im Vollgefühl ihrer Mutterwürde wirkt – hat ein Vater denn da überhaupt noch eine partnerschaftliche Chance? Um dann doch im wesentlichen nur Kohleschipper für den Unterhalt und Hilfsheizer für das familiäre Gefühlsleben zu sein – reicht das?

Ein guter Erzieher kann nur sein, wer in seiner Seele dem Kind nahe steht, selbst etwas Kindliches hat. Die besten Mütter sind oft die, die in ihrem Denken, übrigens auch in ihrer Sprache und ihren Gefühlen, kindlich geblieben sind, dem Kind nahe sein können. Ihnen macht die Beschäftigung mit dem Kind unendlich viel

Freude. Sie spielen mit ihm, ohne darin eine besondere Anstrengung zu sehen. Sie tändeln und turteln mit ihm und sind fast immer heiter.

Leider sind die besten Mütter nicht immer zugleich die besten Ehepartnerinnen. Sie müssen ihre Liebe teilen. Das kann zu Spannungen und Zerreißproben führen. Schlagen sie sich auf die eine Seite, kommt die andere zu kurz. Mütter haben es oft ganz schön schwer, zwischen Mann und Kind zu vermitteln.

Auffallend viele Frauen möchten ihre Kinder möglichst lange klein halten, sie abhängig von sich wissen. Wer aber nicht mit seinem Kind wächst, wird es bald verlieren. Spätestens in der Ablösungsphase der Pubertät, mit zehn bis zwölf Jahren, wird das Kind sich gegen eine solche Mutter richten, sie kritisieren und ablehnen. Dann verlieren manche Mütter ihre heitere Naivität und werden plötzlich verhärmt und bitter, weil sich die Beziehung nun anders entwickelt, als sie es sich erhofft haben. Zumal sich viele Frauen – anders als Männer – mit dem Problem herumschlagen: Habe ich genug getan? Zum Trost: Irgendwie machen wir alle in der Erziehung Fehler. Aber dann tun wir auch wieder das Richtige, und aus den Kindern wird doch etwas.

Dabei könnte alles so viel leichter sein, wenn man das Leben mit den Augen des heranwachsenden Kindes sähe. Das Kind braucht mehr als nur mütterliche Liebe. Es braucht Umweltreize, Abenteuer, Eroberung, Information, Widerstand, Erprobung, Aufgaben. Und das alles in wachsendem Maße, seinen neuen Kräften entsprechend. Es ist schwer, aber äußerst wichtig, gerade auch in der Mutterliebe das nötige Gleichgewicht zwischen Nähe und Distanz, sprich: Respekt vor der Persönlichkeit des Kindes, zu wahren – und zugleich dem Vater Chancen zu lassen.

Nächstenliebe

Eindeutig lautet das Gebot Jesu: »Du sollst deinen Nächsten lieben wie dich selbst.« Der letzte Teil dieses Gebotes hat Generationen von Christen und vor allem Theologen in Verlegenheit gebracht. Sie haben das Spannungsverhältnis zwischen beiden Polen dieser scheinbar paradoxen Handlungsanweisung nicht ausgehalten und den Schluß deshalb einfach weggelassen. Die Nächstenliebe – sie ist eine eindeutige, schöne und edle Sache. Mit ihr kann der Christ sich schmücken, kann das Christentum sich vor allen anderen Religionen auszeichnen. Sie gilt dem Bruder und Glaubensgenossen, dem Ärmsten und Geringsten, aber auch dem Fernsten und dem Feind. In der Tat: Es ist nichts Großartigeres von Menschen erdacht oder vertreten worden als das Prinzip der Nächstenliebe. Würde es auch nur ansatzweise von allen Menschen praktiziert und in allen Völkern und Gesellschaften gelebt, so wären die Menschheitsplagen Streit und Krieg, Terror und Angst, Mord und Totschlag, Hunger und Elend längst überwunden oder gar ganz unbekannt. Aber eben daß dies nicht so ist, beweist, daß die Nächstenliebe entweder eine Angelegenheit allzu weniger geblieben oder daß sie überhaupt eine utopische und lebensfremde Forderung ist. Menschen aller Zeiten haben sie als hohes Ideal bewundert – und gleichzeitig als unrealisierbar belächelt, als schönes Hobby von Idealisten und Altruisten verspottet und sich gehütet, sie allzu konsequent in die Tat umzusetzen.

Hat Jesus ein solches platonisches Superideal in die Welt setzen und an den Sternenhimmel der Werte, weit über den Köpfen der Menschen, anheften wollen? Hat er auf diese Weise Himmel und Erde unüberbrückbar trennen, Ideal und Wirklichkeit des Menschen einander unaufhebbar entfernen wollen? Er wäre selbst nicht auch ganz Mensch gewesen, hätte auf der Erde gelebt und gelitten, wenn er nicht gerade das Gegenteil gewollt hätte, nämlich die Kluft zwischen Himmel und Erde, zwischen Gott und Mensch überbrücken. Und genau davon zeugt das Liebesgebot in seiner tatsächlichen und vollständigen Formulierung: »Du sollst deinen Nächsten lieben wie dich selbst«.

Dennoch sind verschiedene Deutungen möglich. Der jüdische Religionsphilosoph Martin Buber hat einmal die Übersetzung vorgeschlagen: »Du sollst deinen Nächsten lieben, denn er ist wie du.« Hier wird das rigorose Gebot der Nächstenliebe anscheinend dadurch erleichtert, daß der schroffe Kontrast zum anderen überbrückt wird. Dieser andere kann ja auch ein häßlicher, garstiger, feindseliger, verhaßter Mitmensch sein. Wie komme ich dazu, einen ganz anderen zu lieben? Habe ich nicht genug mit meinesgleichen, mit meinen Gesinnungsfreunden, den Angehörigen meiner Gruppe und meines Volkes, zu tun? Bubers Übersetzung erinnert uns daran, daß das Christentum keine Stammes- und Rassen-, keine Völker- und Klassengrenzen kennt oder sie zumindest nicht respektiert: Die Nächstenliebe greift darüber hinaus, sie ist ökumenisch und weltweit. Hat nicht gerade die Kirche in den jüngsten Auseinandersetzungen in Süd- und Mittelamerika, in Afrika und Asien eine geradezu bahnbrechend-moderne Rolle in der Überwindung solcher überholter Schranken zwischen Menschen gewonnen? Hier wird die unglaubliche Modernität der Botschaft Jesu von der Bruderschaft aller Menschen und der Liebe untereinander deutlich: »Liebe deinen Nächsten, denn er ist wie du!« – auch wenn er eine andere Sprache oder Hautfarbe besitzt oder zu einer anderen sozialen Schicht gehört oder gegensätzliche Auffassungen vertritt. Die Genbiologie hat uns inzwischen bewiesen, daß die Blutgruppen und die Genstruktur bei allen Rassen der Erde die gleichen sind, so daß wir wohlbegründet sagen können: »... denn er ist wie du«. Für alle Vertreter monotheistischer Religionen – und das sind die drei großen Weltreligionen Judentum, Christentum und Islam – ist ohnehin klar, daß alle Menschen als die Kinder des einen Gottes auch Brüder (und Schwestern) sind – so schwer diese Tatsache einzusehen und die daraus abzuleitende Forderung zu realisieren ist: am schwersten offenbar da, wo diese drei Religionen aufeinanderstoßen und zusammenleben sollten: in Jerusalem und den umliegenden Gebieten, die die Wiege unserer abendländischen Kultur bilden.

Aber noch eine andere Deutung dieses Gebotes ist möglich. Sie ergibt sich, wenn wir das kleine Wörtchen ›wie‹ – wie auch sonst in unserer Sprache üblich – durch ein schlichtes ›als‹ ersetzen: Liebe deinen Nächsten als dich selbst. Dies enthebt nämlich des peinlichen Vergleichs und der noch peinlicheren Nachrangigkeit von Selbstliebe und Nächstenliebe in der Weise, daß erst ich komme und dann der andere, daß ich mich also erst fragen muß: Wie liebe ich mich selbst? Um dann zu wissen, in welchem Maße ich auch den anderen lieben soll. An einen derartigen Vergleich hat Jesus gewiß nicht gedacht. Sein Gebot enthält zwar eine unaufhebbare dialektische Spannung zwischen Selbstliebe und Nächstenliebe. Zugleich formuliert es aber auch eine schwer begreifliche Identität beider: Indem ich mich selbst liebe – wenn es wirklich Liebe ist –, liebe ich auch den anderen. Und in dem Maße, wie ich den anderen liebe – wenn es wirklich Liebe ist –, liebe ich auch mich selbst und tue mir damit den besten Gefallen.

Neidlosigkeit

Lange habe ich mich dagegen gewehrt, den Neid zum Thema zu machen. Der Begriff ist mir einfach zu negativ, zu ablehnungswürdig, um eigens hervorgehoben und behandelt zu werden. Aber ich habe mich überzeugen lassen, daß der Neid eine ungeheuer starke psychische Kraft und angeblich gerade in Deutschland sehr verbreitet ist. Wo man anderswo den Erfolgreichen, Schönen, Glücklichen bewundert und man ihm nacheifert, sieht man – angeblich – hierzulande kritisch, ja mißgünstig auf ihn, sucht eifrig nach Fehlern und Schwächen und freut sich, wenn er stolpert oder gar stürzt. Jeder, der einmal durch Erfolg bekannt wurde, weiß es: Ehrliche Mitfreude ist selten, versteckte Mißgunst fast die Regel.

Versuchen wir dem Neid etwas Positives in der psychischen Energie-Bilanz des davon Bestimmten abzugewinnen: Der Neidische hütet sich vor blindem Autoritätsglauben, vor unkritischer Bewunderung. Er ist wachsam und achtet darauf, daß die ›Bäume nicht in den Himmel wachsen‹. Hinter dem Rücken des Neides lauert sein Zwilling, die Schadenfreude:

»Er 'hört als eines von den Lichtern,
die höher stets und höher steigen,
bereits zu unsern größten Dichtern.
Das läßt sich leider nicht verschweigen.
Was hört man von den Sittenrichtern?
Er lebt von seiner Frau geschieden,
hat Schulden, ist nicht immer nüchtern?
Aha, jetzt sind wir schon zufrieden!«

(Wilhelm Busch)

So holt der Neidische alles Extravagante und Außerordentliche – was also außerhalb der Ordnung schwebt – gleichsam auf den Teppich, auf seine Ebene zurück.

Aber wird damit nicht das außerordentlich Gute gemindert und behindert? Beruhen auf dem Außerordentlichen – in einzelnen Menschen verkörpert und durch sie verwirklicht – nicht menschliche Kultur und zivilisatorischer Fortschritt? Sind Lernen, Bildung und Weiterkommen nicht auf die Überlegenheit Einzelner angewiesen? Der Neid will das nicht wahrhaben, kann es nicht ertragen, daß andere besser sind und es weiter gebracht haben. Die Neider gehen mit der Sichel ihres Neides einher und versuchen alles, was da wächst, auf die eigene Stoppelgröße zu dezimieren und sich so die Illusion der Gleichheit zu verschaffen oder Minderwertigkeitsgefühle und Neidkomplexe zu ersparen. Sie leiden selbst also auch unter ihrem Neid.

Daran wird deutlich, daß Neid keine demokratische Tugend zur Erreichung von mehr Gleichheit in der Welt, sondern eine schäbige und schädliche Eigenschaft, eine menschliche Unart ist, an deren Überwindung zu arbeiten sich lohnt.

Aber wie kann das geschehen? Ist es denn möglich?

Ich frage mich: War ich selbst nie neidisch, und wie bin ich davon losgekommen?

Als Protestant beneide ich zum Beispiel die römische Kirche um ihre Weltweite. Gute Karikaturisten beneide ich um ihre Fähigkeit, mit wenigen Strichen das Wichtigste auszudrücken und zugleich zu kommentieren. Als Kind – meistens der Kleinste und Jüngste – beneidete ich die anderen, die größer und stärker waren. Später habe ich meine eigenen Stärken aufgebaut und mir abgewöhnt, schadenfroh hinab- oder neidisch hinaufzuschauen. Vor allem habe ich mir das Vergleichen abgewöhnt; es ist tödlich, vor allem für das eigene Selbstwertgefühl – wenn der andere besser ist, kann mich das deprimieren und an meinem Selbstwert zweifeln lassen; ist er schlechter, macht mich das stolz und überheblich. Ich muß aus mir selbst und meinen eigenen Stärken leben. Die anderen sind nicht ganz unwichtig für das Gefühl meines Selbstwertes, aber sie dürfen nicht ausschlaggebend, sondern allenfalls als Korrektiv wichtig sein. Mein Wert liegt in mir wie deiner in dir – jeder/ jede von uns ist ein Gedanke unseres Schöpfers, einer so, die andere so. Wenn ich von innen nach außen statt von außen nach innen lebe, gibt mir das ein Stehvermögen, eine seelische Kraft, die mich von Vergleichen und damit von Neid allmählich frei macht. Ich gönne dem anderen, was er hat und eventuell mir voraushat. Gönnen ist mit Gunst verwandt, und sie ist das Gegenteil von Mißgunst, also von Neid.

Es ist ein schönes Gefühl, nicht mehr scheel sehen zu müssen, wenn es anderen gut oder sogar besser geht. An die Stelle schielenden Neides tritt die offenherzige, offenen Blickes gezeigte Mitfreude. Diese Mitfreude setzt uns ja nicht zurück, sondern läßt uns am Glück des anderen teilhaben, motiviert ihn übrigens auch zum Mitteilen, zum Teilen mit uns und anderen. Der von Neid, Mißgunst und Argwohn Umlauerte verschließt sich, umkrallt seine Habe, versteckt seinen Erfolg und wird unsozial. Und sollte ein Erfolg unbegründet oder gar in Unrecht begründet sein, hilft Neid noch weniger (denn das will doch wohl niemand von uns?!). Dann sind offene Worte angesagt, deutliche Kritik, und die erfordert Zivilcourage, aber nicht den geduckten Protest des Neides. Nicht sich drücken, sondern sich ausdrücken ist dann die Devise. Das befreit und verhindert Neurosen, innerseelische und zwischenmenschliche Spannungen.

Neidfrei lebt sichs besser und gesünder. Und ist das nicht auch ein Reichtum, der jedem äußeren Reichtum gegenüber zumindest gleichwertig ist?

Optimismus

»Danke, auch schlecht«, antworten viele Menschen auf die Frage, wie es ihnen geht. Sie gehen davon aus, daß es anderen auch schlecht gehen muß, wenn es ihnen selbst nicht gut geht, wenn sie alles und jeden pessimistisch sehen. Wer mit seinem Leben zufrieden ist, ist es auch mit dem Rest der Welt. Wer sich selbst etwas zutraut, tut es auch anderen gegenüber und umgekehrt natürlich genauso.

Durch unsere Einstellung zum Leben schaffen wir die Bedingungen, unter denen wir leben. Ein Kind, das heiter, offen und fröhlich auf die Menschen zugeht, bewirkt, daß ihm freundliche, lachende Gesichter begegnen. Durch Sympathie und Zuwendung findet es seine Aufgeschlossenheit bestätigt. Ein mißmutiges, düsteres Gesicht stößt selten auf die Sympathie seines Gegenübers. Durch die eigene Einstellung werden Tatsachen geschaffen. Sogar in Bereichen, in denen wir es nicht vermuten, beweist diese Erkenntnis ihre Gültigkeit. Werden in der Wirtschaft düstere Prognosen ausgegeben, beginnen die Leute Aktien und andere Werte abzustoßen, mit dem Erfolg, daß die Kurse fallen und die vorausgesagte Krise tatsächlich eintritt.

Auf allen Gebieten kann man auf diese Weise Depressionen und Krisen herbeireden. Voreinstellungen schaffen Tatsachen, die Tatsachen bestärken die Einstellung, und so entsteht ein Teufelskreis.

So wirkt auch der umgekehrte Mechanismus: Ich fasse Vertrauen, strahle es aus, äußere mich positiv und schaffe damit Vertrauen. Die Folge sind positive Tatsachen, die mein Vertrauen bestätigen. Es kommt zu einem Erfolgskreis.

Dieses Muster finden wir in allen Lebensbereichen wieder. Jedem leuchten die Zusammenhänge ein, aber mancher wird einwenden: Kann man dies denn selbst beeinflussen? Ja. Sicher ist mancher von Natur aus und durch Kindheitserfahrungen glücklich begnadet, aber wir können uns – ganz gleich, in welchem Lebensalter – zum positiven Denken entschließen. Von dieser Entscheidung hängt es ab, ob wir ein positiver Mensch werden, der bereit ist, im Leben zuerst das Positive und die Chancen zu sehen.

Die Neuorientierung zu einem positiven, und das heißt zu einem glücklicheren und erfüllteren Leben, besteht aus wenigen einfachen Schritten:

Wir bejahen unangenehme Tatsachen, auch wenn sie uns nicht passen, denn selbst darin steckt noch Gutes. Das hat nichts mit Resignation zu tun. Allein auf den Blickwinkel kommt es an. Wer weniger Verantwortung hat, hat auch weniger Sorgen. Wer nicht im Mittelpunkt steht, kann ruhiger leben.

Auch Kritik muß nicht vermieden werden. Wir sehen die Dinge kritisch und lassen uns kritisch sehen. Nur lassen wir uns von der Kritik nicht bestimmen und beherrschen. Kritik hilft, sich auf die eigentlichen Lebensinhalte zu konzentrieren – auf Freude, Liebe und alles Schöne.

Wir sollten uns nicht belasten mit der Furcht vor unangenehmen Dingen, die unabwendbar sind, sondern das Nötige tun, sie zu überwinden. Dann wenden wir uns wieder Erfreulicherem zu, das uns Spaß macht, das aber vor allem auch anderen Freude macht.

Die Vergangenheit lassen wir ruhen. Hier und heute leben wir. Nicht nur die Jugend ist schön. Jedes Alter hat seinen eigenen Glanz. Das Leben wird genauso glücklich sein, wenn wir bewußt die Rolle des Fünfzig-, Sechzig- oder Siebzigjährigen bejahen. Aufgeschlossen begegnen wir den Menschen und den Dingen und lassen uns nicht in Passivität und Verzweiflung drängen.

Wenn wir von lieben Angehörigen und Freunden getrennt werden, dürfen wir nicht aufhören, neue Freunde zu suchen. Wir suchen uns Aufgaben und Menschen, von denen wir gebraucht werden.

Nur durch Optimismus schaffen wir es, mit größeren und kleineren Schwierigkeiten fertig zu werden. Auch wenn das Leben oft genug zu Pessimismus Anlaß gibt, müssen wir uns die Hoffnung auf die Zukunft bewahren. Wir müssen lernen, die Menschen und das Leben und vor allem uns selbst zu lieben und zu bejahen, gerade dann, wenn wir durch Krisen und Scheitern, durch Belastungen und Rückschläge einen neuen Anfang finden müssen.

Ordnung

Ständig suche ich etwas und vertrödele damit meine kostbare Zeit. Das muß eine angeborene Schwäche von mir sein. Mutter hatte wohl doch recht, als sie meinte, daß meine Unordnung mir noch schwer zu schaffen machen würde. Das muß nun aber anders werden, schließlich bin ich inzwischen alt genug, mich selbst an die Kandare zu nehmen!

Viele Schwächen hindern uns am Ordentlichsein. Sie sind aber noch lange kein Grund zu resignieren. Mit etwas gutem Willen und Eigenbeobachtung sind wir schnell in der Lage, die Hintergründe zu erkennen und gegen sie anzutreten. Nichts und niemand sollte uns davon abhalten, unser Ziel im Auge zu behalten, es durch »Eigenleistung« zu mehren und festzuhalten.

Dem Kleinkind gefällt es scheinbar, wenn es in einem Berg von Spielsachen wühlen kann, und doch klatscht es begeistert in die Hände, wenn die Bauklötze wieder alle – ordnungsgemäß – in der Kiste sind. Ein großzügiges Lob nach einer solchen Aufräumaktion könnte der Grundstein für eine spätere Ordnungsliebe sein.

Auch wenn die Mutter den Heranwachsenden mahnt: »Ordnung muß sein! Sie erspart dir viel Zeit und viel Ärger!«, kann und will er das nicht einsehen. Gleichgültige Lässigkeit ist – scheinbar – bequemer. Die Bekleidung fällt ihm vom Körper und bleibt dort liegen, wo er gerade steht; die Schulbücher liegen zwischen Schallplatten und Comics und werden einfach vergessen. Das gibt Minuspunkte beim Lehrer – Lehrgeld nennt man diese Erfahrung auch.

Konzentrationsschwäche, die Unordnung der Gedanken, beeinträchtigt gerade in der heutigen Zeit viele Kinder, Jugendliche und Erwachsene. Das hat häufig unangenehme Auswirkungen im täglichen Leben, vor allem aber leidet die seelische Verfassung des Betroffenen – oftmals unbemerkt und unerkannt – darunter.

Man kommt hier leicht in Versuchung, von Überforderung zu reden oder allen möglichen Umständen die Schuld zuzuschieben. Die Flut der Ablenkungsmöglichkeiten ist heutzutage ja auch enorm, wenn man an die Spielhallen, Musikanlagen, das Fernsehen, die Comics oder die vielen Hobbys denkt. Dieses Problem mit der Begründung »Lustlosigkeit« abzutun wäre zwar einfach, würde jedoch auf Kosten des inneren Friedens gehen.

Also müssen wir einsehen, daß die Ordnung zu unserem Leben gehört wie das Salz zur Suppe. So sind wir, ob es uns paßt oder nicht, gezwungen, mit der Zeit und zunehmendem Alter mehr oder weniger ordentlich zu werden, um in unserem Leben bestehen zu können.

Selbst der Ablauf in der Natur unterliegt einer Ordnung, der wir uns unterwerfen müssen, ob wir nun wollen oder nicht. Wie sollte es da in unserer kleinen Welt ohne eine solche Ordnung gehen? Das über allem schwebende Grundgesetz könnte man auch »Grundordnung« nennen. Es regelt unsere Rechte und Pflichten. Ohne die Straßenverkehrsordnung etwa gäbe es sicherlich ein heilloses Chaos auf den Straßen. Die Sicherheitsverordnungen in vielen Berufszweigen schützen vor Unfällen.

Die vielen täglich gebrauchten Sprichwörter weisen ebenfalls darauf hin, daß es ohne ein gewisses Maß an Ordnung noch nie gegangen ist und auch in Zukunft nicht gehen wird. Im »Lied von der Glocke« von Friedrich Schiller heißt es: »Heil'ge Ordnung, segensreiche Himmelstochter«; Goethe sagt im »Faust«: »Gebraucht der Zeit, die geht so schnell von hinnen, doch Ordnung lehrt euch Zeit gewinnen.«

Wenn der gute Wille, Ordnung zu halten, vorhanden ist

und es uns trotzdem nicht gelingt, die gesammelte Aufmerksamkeit längere Zeit auf eine Sache zu konzentrieren, werden wir nachhaltig an einer erfolgreichen Bewältigung unserer Aufgaben gehindert.

Die damit verbundenen Mißerfolge können deprimierend und niederschmetternd sein. Dagegen muß etwas unternommen werden, will man nicht zerstreut, kopf- und planlos die kostbare Zeit des Lebens vergeuden. In den meisten Fällen kann man der wirklichen Ursache nur mit Selbsterkenntnis und Eigeninitiative zu Leibe rücken.

Waschen, putzen, aufräumen, einkaufen, Blumen gießen, Essen kochen – was mache ich nur zuerst? Die Arbeit wächst mir über den Kopf! Was tun? Die Antwort: sich erst mal in aller Ruhe überlegen, wie sich die Arbeit und der Tag einteilen lassen; dann planmäßig an die Arbeit gehen, die nach Wichtigkeit, Zeitnotwendigkeit und Aufwand geordnet wurde.

Wer am Montagmorgen schon vor einem riesigen Stapel zu bearbeitender Fälle sitzt, möchte wohl am liebsten fluchtartig den Arbeitsplatz verlassen, anstatt die Arbeit, nach Terminen und Dringlichkeiten geordnet, konzentriert zu beginnen.

Auch bei alltäglichen Verrichtungen sollte man planvoll vorgehen: Jedes Ding hat seinen Platz: Der eben gebrauchte Hammer kommt sofort wieder in die Werkzeugkiste, das Nadelkissen wird wieder in den Nähkorb getan, und der Kugelschreiber bleibt in der Nähe des Notizblockes neben dem Telefon liegen und nicht beim letzten Kreuzworträtsel.

Ein Tip noch: Unangenehme Arbeiten oder Aufgaben sollte man zuerst erledigen. Sie belasten dann nicht mehr und können mit einer gewissen Befreiung von der Liste gestrichen werden.

Ordnung – so sagt eben ein altes Sprichwort – ist das halbe Leben; jedenfalls erleichtert sie das ganze.

Phantasie

»Schau mal, wie es fliegt!« ruft Hänschen der Mutter zu und wirft sein leichtes, aus Papier gefaltetes Flugzeug in die Luft. Ein paar Meter gleitet es vor den Blicken der stolzen Mutter dahin, bis es sanft landet. Aber Hänschen läuft erhobenen Blickes hinter ihm her, als stürmte er über Kontinente und Meere. Eines Tages wird er Modellflugzeuge bauen, wird selbst den Flugschein erwerben und am Steuer eines Verkehrsflugzeugs sitzen – vielleicht. Jedenfalls ist es die kindliche Phantasie, die seine Welt vergrößert, die seine Wünsche Wirklichkeit werden läßt – oder auch nicht.

Der Mensch ist nie nur das, was er ist, sondern immer auch und vor allem das, was er sich wünscht, erhofft, ausmalt und vorstellt. In dieser Hinsicht bleiben wir alle Kinder, und es wäre schade, wenn wir es nicht blieben.

Der Mensch – von Natur in seinen Möglichkeiten begrenzt – überschreitet die Grenzen seiner Lebenswelt durch die Kraft der Phantasie. Sie ist die Voraussetzung aller Kreativität und allen Fortschritts. Ohne Phantasie gäbe es keinen Ozeandampfer und keinen Computer, keine Kultur und natürlich auch keine Religion.

Vielleicht ist Phantasie überhaupt die göttlichste Kraft in uns – hat nicht Gott selbst eine unendliche Phantasie Wirklichkeit werden lassen, mit der er die Welt schuf? Und ist nicht etwas von dieser Kraft in uns, besteht nicht darin gerade so etwas wie Ebenbildlichkeit?

Allerdings kann die Phantasie auch destruktiv werden, kann Zerstörungsmittel und Folterinstrumente entwerfen. Sie kann zur reinen Phantastik entarten, die keinen Bezug zum Leben hat, Menschen zu Spinnern und Spökenkiekern werden läßt. Absurde Vorstellungen, abergläubische Ängste, totalitäre Ideologien, sektiererische Endzeitvorstellungen – es gibt unendlich viele Möglichkeiten wirklichkeitsfremder Phantastik.

Phantasie ist eine Feengabe, mit der behutsam umzugehen ist, wenn sie nicht ins Verderben führen soll.

Vielleicht ist das auch der Grund dafür, daß Phantasie lange Zeit hindurch in der Erziehung eher bekämpft als gefördert wurde. Kinder sollten lernen, was für das Leben wichtig ist, und dies nach bestimmten, vorgegebenen, konventionellen Regeln: Man tut dies und das, aber jenes nicht. Man lernt Zahlen und Daten, studiert die Realität, aber hat sich nicht damit zu beschäftigen, wie sie sein könnte. Das ist heute zum Glück anders, Kinder dürfen – jedenfalls in einem fortschrittlichen Unterricht – ihre Phantasie entfalten, ihre Kreativität einüben, dürfen sich mit anderen gemeinsam um neue Möglichkeiten bemühen, dürfen planen und konstruieren, solange es Lust und Freude macht.

Auch in der modernen Wirtschaft ist Phantasie gefragt. Brainstorming und unterschiedlichste Methoden des Entwerfens und Versuchens werden gepflegt. Selbst wenn 99% der Entwürfe unbrauchbar sind, ist die phantasievolle Entwicklung für unsere Wirtschaft förderlich und nützlich: In dem restlichen einen Prozent könnte ja der geniale Wurf stecken.

Aber muß Phantasie immer in Verbindung mit Pflicht stehen? Könnte sie nicht auch als solche Freude machen? Reichert sie nicht unser Leben an, gibt ihm Farbe und Vielfalt?

Phantasie ist eine herrliche Kraft, die unser ganzes Leben hindurch gefördert zu werden verdient und in der wir uns als kleine Schöpfer und als in der Schöpfung Ausgezeichnete fühlen dürfen. Tiere, nach Nietzsche »kurz angebunden an den Pflock des Augenblicks«, haben kaum die Möglichkeit zu Entwurf und Weiterdenken, auch wenn sie in ihrer Vielfalt nichts anderes als die göttliche Phantasie widerspiegeln. Wie staunt man, wenn man einmal in einem Korallenriff taucht, über die unendliche Phantasiefülle der dort sich tummelnden Unterwasserwelt! Und dadurch sollten wir uns nicht anregen lassen, selbst unentwegt unser zwischen Arbeit und Freizeit eingeengtes Leben zu erweitern?!

Die Phantasie üben kann man auf die vielfältigste Weise. Auch der angeblich Phantasieunbegabte kann mit Hilfe der sogenannten Attributenlotterie seine Phantasie wecken und weiterentwickeln. Das geht so: Auf (mindestens) zwölf Kärtchen wird je ein Eigenschaftswort geschrieben; die Kärtchen werden in einem Hut gemischt, jeder der Mitspielenden entnimmt zwei davon und muß nun sieben Dinge nennen, denen diese beiden Eigenschaften zukommen. Wer zum Beispiel die Kärtchen mit den Aufschriften ›rund‹ und ›rot‹ zieht, nennt etwa: Tomate, Verkehrsampel, Erdbeereis, Luftballon, Vogelbeere, Abendsonne, Rückstrahler.

Noch einfacher ist die Übung: Wozu läßt sich ein Zahnstocher benutzen? Eine sprudelnde Phantasie findet mehr als ein Dutzend Möglichkeiten. Versuchen Sie es selbst einmal! Und wem dies zu zweckbetont vorkommt, lasse sich hinreißen, das ›Liebeslied eines Holzwurms‹ zu dichten oder nach ›Ich hab ein Herz aus Schokolade‹ ein Soloballett zu tanzen.

Unser Leben wird schöner und freier durch den Mut zur Phantasie.

Schuldgefühle

Ist es nicht paradox, ja geradezu verrückt: Die großen Untäter, die Verbrecher gegen die Menschlichkeit, Massenmörder, die Korrupten, die Millionen- und Milliardenbetrüger scheinen gar keine Schuldgefühle zu haben. Jedenfalls leugnen sie, solange es geht, selbst dann noch, wenn sie überführt sind.

Dabei könnte ihnen ein Schuldbekenntnis die Chance zu einer Gewissensbefreiung, vielleicht sogar zu Vergebung eröffnen und damit eine Möglichkeit zum Weiterleben. Aber nein: Schuldgefühle werden als Eingeständnis nicht nur von Schuld, sondern vor allem von Schwäche angesehen. Darum: Nur nichts zugeben!

Ehrenmänner geben ihr Ehrenwort. Im Interesse des Vaterlandes, der Partei, des Befehlsnotstandes war und ist es offenbar nötig, das Gewissen und damit auch das Schuldgefühl auszuschalten. Endlos – und auch in der demokratischen Gegenwart nicht zu Ende – ist die Reihe der angeblich unschuldigen Einzeltäter, die sich hinter irgendeinem Kollektiv zu verstecken suchen.

Beinahe noch paradoxer ist das Umgekehrte: daß Menschen, die niemandem etwas zuleide taten, sich bis ins tiefste verantwortlich und schuldig fühlen. Jeder Therapeut kennt sie, die neurotisch von Schuldgefühlen Gequälten, die ihres Lebens nicht froh werden können. Irgendwer hat ihnen – meist schon in früher Kindheit – eingeredet, sie taugten nichts, machten alles falsch, sie allein seien verantwortlich, wenn etwas in ihrem Leben oder in dem Leben anderer schiefläuft.

Was ist nun besser: die Skrupellosigkeit der einen oder die zwanghafte Übergewissenhaftigkeit der anderen? Im Zweifel wohl eher noch das letztere, sagt uns ein gesunder Instinkt. Nicht, weil die Letzteren immer noch leichter zu ertragen und im ganzen ungefährlicher wären. Nein, der Instinkt sagt uns: Schuldgefühle – in einem angemessenen Ausmaß – müssen sein. Sie sind menschlich; sie sind ein wichtiges innerpsychisches und zwischenmenschliches Korrektiv. Wer sagt uns, daß wir etwas falsch gemacht haben, vor allem wenn es kein anderer bemerkt hat? Unser heimliches Schuldgefühl. Es quält uns, verfolgt uns, bis wir unser Verschulden eingestanden, bis wir es, soweit möglich, wiedergutgemacht haben.

Das schlechte Gewissen kann Motor guter Taten sein. Es kann allerdings – das darf nicht verschwiegen werden – auch zum Gegenteil führen: Verdrängte Schuldgefühle machen aggressiv. Weil wir es nicht vertragen, Schuld einzusehen und einzugestehen, versuchen wir, Schuld auf andere zu schieben.

Der Mensch neigt überhaupt dazu, eigene Fehler anderen besonders heftig anzukreiden. Wer schlecht über andere redet, denkt meistens auch nicht gut über sich selbst. Der Dieb ruft: Haltet den Dieb! Und der nicht ganz faserreine Politiker fordert brutalstmögliche Aufklärung und denkt dabei natürlich an andere. Auch in diesem Falle haben Schuldgefühle genau besehen noch eine regulierende Funktion: Vergehen werden aufgeklärt und günstigenfalls gesühnt und bestraft. Im allgemeinen, so läßt Wilhelm Busch sich von einem Kaplan berichten, beichten die Leute ohnehin lieber die Sünden anderer als die eigenen.

Die Beichte sollte ursprünglich unseren Schuldgefühlen einen Ausweg, sozusagen ein freies Geleit geben und zur Befreiung und Vergebung führen. In der Bibel gibt es sie nicht, vielmehr erst seit dem vierten nachchristlichen Jahrhundert. Unter Papst Innozenz III. wurde im Jahre 1215 verordnet, daß jeder Christ wenigstens einmal im Jahr einem Priester seine Sünden zu beichten habe. Martin Luther hat die Ohrenbeichte abgeschafft und es angeblich später bereut.

Wenn Luther sagt, das Leben des Christen solle eine tägliche Buße sein, so ist damit unsere konkrete Verantwortung für unser Tun und damit auch unsere Schuld gemeint, der nun einmal keiner entgeht. Gefährden oder zerstören wir nicht immer wieder unsere Beziehungen durch Streit um Kleinigkeiten? Leben wir nicht kalt und teilnahmslos am Schicksal anderer vorbei? Sind uns nicht unsere Wirkung auf andere und unser Wohlergehen – notfalls auch auf Kosten des Partners oder auf Kosten der Kollegen – wichtiger als alles andere? Nehmen nicht die meisten, ohne nachzudenken, die Güte und Freundlichkeit ihrer Mitmenschen hin, nutzen sie aus und bleiben den Dank schuldig?

Darüber von Zeit zu Zeit selbstkritisch nachzudenken, uns bei ihnen zu entschuldigen – richtiger: sie um Verzeihung zu bitten –, das kann den Müll und die Schuld aus unserer Seele entsorgen und uns dafür frei machen, unsere Einstellung und unser Verhalten zu ändern.

Nur in besonderen Fällen unangemessener, unüberwindbarer Schuldgefühle ist psychotherapeutische Hilfe angezeigt. Was viel näher liegt und für die meisten unter uns viel nötiger wäre, ist das befreiende Gespräch unter Mitmenschen. Darin können wir uns öffnen, ja auch ausschütten, Gefühle frei werden lassen, von denen wir vielleicht bislang nichts wußten. Gefühle existieren ja nicht nur auf der positiven Seite als Freude, Glück, Liebe, die wir viel leichter zeigen, sondern auch da, wo wir unsere finsteren Abgründe ahnen. Hier können plötzlich Ströme hervorfluten, Schleusen sich öffnen, die lange verschlossen waren. Lassen wir sie offen, bis wir von allen Schlacken und aller Schuld freigeschwemmt sind und ein neues Leben in der Vergebung beginnen können, die uns unser Gegenüber zuspricht.

Selbsterkenntnis

Der wichtigste Freund, den wir im Leben haben, sind wir selbst. Um mit uns selbst auszukommen, müssen wir uns kennen, in unseren liebenswerten Vorzügen, in unseren erstaunlichen Stärken, aber auch den bedauerlichen Schwächen und Grenzen. Diese Kenntnis schützt uns vor Illusionen, vor Selbstüberforderung, aber auch -unterforderung. Unglück entsteht durch beides: wenn wir unsere Möglichkeiten nicht ausfüllen und sozusagen hinter uns zurückbleiben *und* wenn wir uns überschätzen und überfordern und dadurch immer wieder an unsere Grenzen stoßen. Das letztere ist wahrscheinlich das Schlimmere.

In jedem Falle ist es gut, sich zu fragen: Wer bin ich? Will ich mich offen und ehrlich mit mir selbst konfrontieren und mir ins Auge schauen – ganz gleich, was ich dort vorfinde? Wenn ich das will, wende ich das Verfahren an: Ich nehme ein Blatt und teile es durch einen senkrechten Strich in zwei Hälften, um meine Eigenschaften, so gut ich es kann, zu katalogisieren. Über die linke Hälfte setze ich ein Plus-, über die rechte ein Minuszeichen, das heißt, ich notiere links meine guten Eigenschaften, Fähigkeiten, Anlagen und Möglichkeiten, rechts jene, die ich für negativ und ergänzungsbedürftig halte. Ich versenke mich nicht nur einmal, sondern immer wieder in mich selbst, versuche mich an die verschiedensten Situationen, auch an die Urteile von nahe- oder fernstehenden Menschen zu erinnern und halte fest, was mir einfällt.

Dabei bin ich mir im klaren darüber, daß die festgestellten Eigenschaften keine unabänderlichen Größen, sondern Stufen eines Entwicklungsprozesses sind, den ich fortsetzen und zu meinem Vorteil lenken kann. Ich versuche, durch die Formulierung die Entwicklungstendenz deutlich zu machen, indem ich nicht etwa schreibe: »redeunbegabt«, sondern: »noch nicht sehr redegeübt«. Wenn ich auf diese Weise die gefundenen Eigenschaften und Fähigkeiten auch noch ein wenig abstufe und ähnliche miteinander verbinde, gewinne ich eine strukturiertere Übersicht über das, was ich mit aller Vorsicht als mein Wesen oder meinen Charakter bezeichnen kann.

Dabei sollte ich es vermeiden, mich auf Eigenschaftsbegriffe festzulegen, die wertenden Charakter haben, wie willensstark, aufrichtig, zuverlässig. Die Psychologie ist mit diesen Bezeichnungen vorsichtig, weil sie allzu statisch klingen und eine gußeisenhafte Festigkeit, die sich womöglich noch aus dem Erbgut ergibt, vortäuschen, die den wirklichen Gegebenheiten nicht entspricht. Wir sind eingebunden in einen dynamischen, wechselseitigen Prozeß von spontanen Eigenimpulsen und den Antworten und Reizen der Umwelt und unseren Reaktionen, aus Wachstumskräften und Sozialisierungseinflüssen, die in ständiger Bewegung sind. Sie erlauben allenfalls festgeschriebene Zwischenergebnisse, aber zum Glück keine eherne statische Struktur. In der Tat hat jeder von uns Chancen. Diese gilt es zu nutzen.

Darum sollte das Ergebnis dieser Bilanz auch keinesfalls eine sonnige Zufriedenheit erzeugen, die sich eventuell daraus ergeben könnte, daß die linke Liste länger ist als die weniger angenehme rechte. Die festgestellten Stärken dienen dazu, hieran anzuknüpfen, sie zu nutzen und auszubauen. Die Schwächen hungere ich am besten aus. Das hat sich als wirksamer erwiesen, als etwa einen verzweifelten Kampf gegen sie aufzunehmen; dies würde nur ihre Wichtigkeit unterstreichen, die Kräfte binden und überdies meistens auch noch mißlingen.

Selbstvertrauen

Vertrauen ist so wichtig, vielleicht das Wichtigste überhaupt. Ohne Vertrauen kann keine Gesellschaft existieren, jedenfalls nicht auf Dauer und nicht men-
schenwürdig. Ohne Vertrauen können wir keinen Brief
in den Kasten werfen, in der sicheren Erwartung, daß er
ankommt, kein Flugzeug besteigen, keine Ehe einge-
hen, kein Kind in die Welt setzen und nicht einmal ein
Stück Rindfleisch kaufen.
Vertrauen ist wichtiger als Massenkommunikation und
Internet, ja, es ist so etwas wie ein emotionales Internet. Wehe dem, der aus diesem Netz fällt! Er kann dann
auch kaum Selbstvertrauen entwickeln – und umgekehrt: Nur, wer sich selbst vertraut, kann auch anderen
vertrauen. Vertrauen ist die Grundlage jeder Beziehung.
Es lohnt sich, solche scheinbaren Selbstverständlich-
keiten zu unterstreichen. Denn viele haben dieses Vertrauen in die eigene Stärke nicht, obwohl sie es sich
sehnlichst wünschen. Die immer komplizierter wer-
dende Welt – mit ihrer Pluralität und ihren täglichen
Entscheidungszwängen – verwirrt und überfordert die
Menschen. Es beginnt mit dem Einkauf und endet noch
längst nicht bei den Wahlen. Selbst die Religionen sind
heute dem Markt der Entscheidungen ausgesetzt.
Das verunsichert, das nagt an den Vertrauensgrundla-
gen der Gesellschaft, aber auch am Selbstvertrauen des
Einzelnen. Offenbar ist dies der hohe Preis der Freiheit
in der sogenannten postmodernen Welt. Aber wer
möchte deswegen eine frühere, angeblich fester gefügte,
weil oft von blindem Vertrauen getragene Gesellschaft
herbeiwünschen? Um in Freiheit menschlich zu leben,
müssen wir das dieser Lebensform angemessene Selbstvertrauen entwickeln.

Nun leuchtet es zwar jeder und jedem ein, daß Selbstvertrauen wichtig wäre: für Fortkommen und Erfolg, für Kommunikation und Partnerschaft. Sonst wird nämlich jede Beziehung schwierig, weil sie nicht auf gleicher Augenhöhe stattfindet. Und das ist für beide Seiten auf die Dauer quälend, immer herauf- oder herabschauen zu müssen! Aber woher das Selbstvertrauen nehmen?

Zum einen mag Selbstvertrauen genetische Voraussetzungen haben: Vitalität, Gesundheit, gutes Aussehen, Intelligenz. Viel wichtiger jedoch ist erfahrenes Vertrauen, möglichst von klein auf. Wer geliebt und gefördert, aber auch gefordert wurde, hat es leichter, Selbstvertrauen zu entwickeln. Das Urvertrauen, das ein von den Eltern geliebtes Kind erhält, trägt auch noch den Erwachsenen durchs Leben.

Mir selbst ist im Leben viel schief gegangen, aber ich bin immer wieder auf die Füße gefallen. In der 12. Klasse etwa wollte ich von der Schule abgehen. Mein Vater gab nach. Aber meine Mutter sagte: »Setz dich auf deinen Hosenboden, und dann schaffst du es!« Was blieb mir übrig: Ich ochste, bekam den Anschluß und später das Abitur. Die Prozedur hat mich gefordert. Aber meine Mutter hatte mich richtig eingeschätzt, und das hat mein Selbstvertrauen gefördert.

Zutrauen, Vertrauen: welche Elixiere des Wachstums! Wie oft sind wir auf Zuspruch angewiesen, wenn es uns schlecht geht, aber auch auf Herausforderung und sogar positive Kritik, damit es uns besser geht. Vor allem aber auf Menschen, von denen wir uns verstanden fühlen und die unser Bestes wollen. Nietzsche hatte recht: »Was du von einem Menschen denkst, entzündest du in ihm.« Aber wenn uns dieser Sprit aus der Kindheit fehlt, wenn wir keinen Kanister voll davon im Keller haben, dann müssen wir unser eigenes, selbst gemachtes Selbstvertrauen aufbauen.

Wie das vor sich geht? Schritt für Schritt. Ich muß einige Grundthesen aufstellen, auf die ich bauen kann. Gute Gedanken bewirken mehr Gutes als skeptische. Wem von klein auf eingeredet wird, nicht gut genug zu sein oder nicht viel zu taugen, wird lange brauchen, solche Botschaften zu überwinden. Aber wer sich gegen widrige Umstände und vor allem gegen Selbstabwertung zu behaupten lernt, entwickelt das stabilere Selbstvertrauen.

Ein Weg dazu sind Programme, wie sie übrigens schon seit über hundert Jahren bekannt sind. Ich sage mir täglich: Ich mag mich, ich mag die Menschen, ich bin freundlich zu mir und anderen, ich gönne anderen und mir Gutes, ja, das Beste. Ich akzeptiere auch meine Schwächen und suche sie zu überwinden, mir selbst – meinen Gefühlen und Gedanken – zu trauen. Ich öffne mich den Bedürfnissen und Interessen der anderen, nachdem ich meine eigenen kennengelernt und auch geäußert habe.

Ich mache mir meine Stärken bewußt, weil ich darauf aufbauen kann. Und weil ich etwas Besonderes und mit keinem anderen Menschen zu verwechseln bin. Dieses Gefühl der Besonderheit ist wahrscheinlich der Kern des Selbstvertrauens. Für den gläubigen Menschen gibt es eine klare Herleitung: Weil Gott mich liebt, darf, ja soll ich mich lieben. Und da das auch für die anderen gilt, sage ich auch ja zu ihnen, so schwer das manchmal fällt.

Es ist erwiesen, daß destruktive Einstellungen nicht nur unglücklich, sondern auch krank machen können. Positive Einstellungen zum Leben wirken hingegen wie Vitamine. Ein finnisch-amerikanisches Forscherteam befragte vor einiger Zeit 2500 Männer über einen Zeitraum von sechs Jahren danach, wie sie sich selbst und ihre Zukunft einschätzten. Bereits in diesem recht kurzen Zeitraum zeigte sich: Verzagte und Pessimisten werden häufiger von Krebserkrankungen befallen. Noch verblüffender ist ein anderes Untersuchungsergebnis, wonach auch die Zahl der erlittenen Unfälle oder Gewaltverbrechen bei denen wesentlich höher liegt, die mit negativen Vorerwartungen an das Leben herangehen. Die Forscher sprechen von »hohen Hoffnungslosigkeitswerten« – kein schönes Wort, aber es trifft zu.

Selbstvertrauen ist die beste Selbstversicherung. Das gilt auch in einer Risikogesellschaft, gegen deren Gefahren wir uns lückenlos zu versichern trachten: Unfälle, Naturkatastrophen, Diebstahl, Krankheit und Tod. Aber eine total versicherte Welt wäre ein Gefängnis. Eine Vollkasko-Mentalität würde vergessen, daß Leben ein Risiko ist und daß wir im Grunde jeden Tag als ein Abenteuer beginnen.

Ohne Vertrauen könnten wir uns schon in unserer Jugend begraben lassen. Wer leben will, muß die permanente Krise des Vertrauens meistern und braucht dazu stabiles – geschenktes und erkämpftes – Selbstvertrauen. Diese Anforderung ist nicht übermenschlich, und ihre Erfüllung macht uns nicht zu Übermenschen, sondern sie läßt uns Mensch sein unter Menschen.

Selbstverwirklichung

Unter dem Zeichen dieses unbestimmtesten aller Leitwörter hat in unserer Gesellschaft eine der größten Umwälzungen des Bewußtseins und damit wohl auf Dauer auch der Verhältnisse stattgefunden. Selbstverwirklichung ist der Kampfruf der Jugendbefreiung und der Frauenemanzipation, des Kampfes um Minderheitenrechte und zugleich ein Aufruf, die Fesseln von Ehe, Leistungszwang, gesellschaftlichen Konventionen und herkömmlicher Moral zu sprengen. Maßstab sind nur noch die Ehrlichkeit und das eigene Interesse, das gute Gefühl und der Einklang mit sich selbst. Dieses Selbst gilt es zu erfühlen und zu erfassen, zu erforschen und zu erfüllen. Ein neuer Auftrag tut sich auf: man selbst zu sein und das zu realisieren, was als Potential in einem liegt. Gut oder böse ist nicht mehr die Frage, erlaubt oder unerlaubt schon gar nicht – es geht nur noch um die Maßstäbe »möglich« und »wirklich«, um Potentiales und Reales. Alles soll sich frei entfalten, jeder angelegte Keim zur vollen Pflanze entwickeln. Und es sind wahrlich Pflänzchen darunter! Denn wenn nichts mehr kontrolliert und kultiviert, gezogen und gezügelt wird, kann alles frei wuchern: Launenhaftigkeit und Maßlosigkeit, Habgier und Frechheit, Egoismus und Eitelkeit, Radikalität und Brutalität. Gegen eine autoritäre Unterdrückergesellschaft ist das antiautoritäre Prinzip der Selbstverwirklichung als therapeutisches Korrektiv gerade noch sinnvoll. Als Lebensprinzip und damit als Aufmunterung für eine Generation von Egoisten, die sich von nichts mehr gehalten und gebremst fühlten, wirkt es katastrophal.

Übrigens scheint es weniger ein neues Gefühl von Stärke und Spontaneität zu vermitteln als vor allem das

Gegenteil, nämlich Ängste. Auch die Ängste werden jetzt in die Selbstverwirklichung einbezogen, sie werden gefühlt und geduldet, ja geradezu kultiviert und durchgekostet. Das ist die andere Seite der unsagbar erweiterten Chancenvielfalt, die die Gegenwart bietet: Wir können reisen und uns bilden, Karriere machen oder aussteigen, uns engagieren oder privatisieren. Wir können unser Selbst suchen oder es verfehlen. Aber je angestrengter wir suchen, um so eher drohen wir es zu verlieren – noch ehe wir es gefunden oder gar verwirklicht haben.

Und hier liegt die Hauptcrux der Selbstverwirklichung: Wer sich nur in Nabelschau ergeht, um zu entdecken, was in ihm ist, um es alsbald zu verwirklichen, verliert sich im eigenen Nabel, entfremdet sich der Welt, wird eigentlich handlungsunfähig und bewahrt sich, statt sich zu bewähren. Dies aber kann man nur am Objekt, am Gegenüber, an der Welt. Mit Recht hat vor nicht langer Zeit der bekannte Kieler Pädagogikprofessor Theodor Wilhelm empfohlen, zum Zwecke wirklicher Selbstverwirklichung, »einmal ganz von sich abzusehen und sich ganz der Sache hinzugeben«. Selbstverwirklichung im positiven Sinne könnte heißen: seine Talente ermitteln und in die Tat umsetzen: malen, musizieren, Sport treiben, schreiben, eine Firma gründen ... Dies bringe dem Angestrebten näher als die permanente Selbstfixierung und Nabelschau.

Hiermit weist er auf den Widerspruch des Selbst hin: Sich selbst lieben kann man nur, indem man den andern liebt, sich selbst verwirklichen nur, indem man etwas gestaltet und in die Tat umsetzt, aber auch, indem man an sich selbst arbeitet und von außen kommende Notwendigkeiten an sich vollzieht. Es ist der Wechselprozeß von Ich und Du, von Individuum und Gesellschaft. Ohne die anderen ist der Einzelne nichts, erst mit ihnen wird er er selbst. Deswegen ist er auf sie angewiesen, muß er auf sie hören und muß auch zu ihrer Verwirklichung beitragen. So erfüllt sich die Selbstliebe in der Liebe, die Selbstverwirklichung in der Hingabe nach dem biblischen Motto: Wer sein Leben liebhat, wird es verlieren, und wer es verliert um meinetwillen, wird es finden.

Fast scheint es, als ob in unserer nachchristlichen und zugleich nachmarxistischen Zeit dieses Urprinzip der Dialektik verlorengegangen und der kurzsichtigen Einseitigkeit des Selbstverwirklichungskultes zum Opfer gebracht worden sei. Damit ist niemandem gedient – am wenigsten der Selbstverwirklichung derer, die dieses Ziel mit suchtartigem Fanatismus verfolgen. Wer das tut, ist nach einem Aufsatz des Publizisten Konrad Adam »allein mit sich selbst und kaum zu beneiden. Pausenlos will er ›sich einbringen‹, überall glaubt er ›sich wiederzufinden‹: immer nur sich selbst. Das ist im besten Falle lächerlich, im schlimmsten Falle traurig, in jedem Falle aber langweilig. Denn eine Eins kann man tausendmal mit sich selbst multiplizieren, das Ergebnis ist und bleibt Eins.« Und so schließt sich der Kreis – aber würden wir ihn nicht besser öffnen, um uns zu verwirklichen?

Sinnerfüllung

Unendlich viele Menschen zweifeln heute – ausgesprochen oder unausgesprochen –, ob ihr Leben einen Sinn hat, oder genauer gesagt, sie bezweifeln es so stark, daß sie daran leiden. Offenbar braucht der Mensch in seinem Fühlen und Handeln das, was mit dem Wort Sinnerfüllung gemeint ist: jenes runde, ausgefüllte Gefühl, zu wissen, warum und wofür man etwas tut, es darum gern zu tun, ohne es weiter in Frage zu stellen.

Dieses Sinngefühl kann sich aus verschiedenen Gründen ableiten: Einmal kann eine Sache ihren Sinn in sich selbst haben. Sie macht einfach Freude, weil sie schön und beglückend ist. Dies gilt für fast alle Hobbys, aber auch für Arbeiten, die Spaß machen, weil sie in sich lustvoll sind. Weiter kann sich ein Sinngefühl aus dem beabsichtigten Erfolg ableiten: Man möchte etwas schaffen, erreichen, bewirken – auch wenn es mit Mühen und Umständen verbunden ist. Meistens werden solche Werke und Taten dadurch aufgewertet, daß sie für andere nützlich sind und von ihnen anerkannt werden. Dafür werden Umstände und Anstrengungen in Kauf genommen.

Der Sinn ist nicht im Vollzug der Tat selbst enthalten, sondern ihr sozusagen vorgespannt: Man freut sich darauf, daß etwas fertig ist. Dies gilt erst recht für Fernziele und Handlungen für die Zukunft, aber noch mehr für solche, die auf die Ewigkeit hin angelegt sind, um ein Gott wohlgefälliges Werk zu tun oder sich in der Geschichte zu verewigen. Wie auch immer der Sinn begründet sein mag: ohne eine solche Sinndimension unseres Handelns verlieren wir Lust und Motiv zum Handeln und schließlich zum Leben überhaupt. Unsere Kräfte erlahmen, wir resignieren in unserem Daseinsgefühl, verlieren die Schaffensfreude und bringen insgesamt weniger zustande. Vor allem aber leiden wir. Viele fallen geradezu in Depressionen, weil sie das Gefühl mangelnden Sinns nicht ertragen. Der Nihilismus, also die bewußt durchgestandene Sinnlosigkeit, scheint eine Sache von Heroen und wenigen Philosophen zu sein (die sich jedoch durch die Werke über den Nihilismus erneut, sozusagen durch die Hintertür, Sinnerfüllung verschaffen).

Die These scheint unwiderleglich: Der Mensch braucht in allem, was er tut und erlebt, Sinn, und er tut alles, um sich diesen Sinn zu sichern und sich seiner zu vergewissern. Dem dienen die großen Ideologien und Religionen, aber auch die unzähligen kleinen Handlungen, zum Beispiel die Tatsache, daß selbst Menschen, die gar nicht arbeiten müßten, unentwegt etwas tun, nur um nicht in den gähnenden Abgrund der Sinnleere schauen zu müssen, um im Gegenteil ständig das Gefühl zu haben, sinnerfüllt zu leben.

Sinn – in welcher Form auch immer – ist für unser Glück, aber auch für unsere seelische Hygiene unentbehrlich. Darum sollten wir bewußt auf die Suche nach Sinn gehen, und zwar im kleinen wie im großen. Im kleinen suchen wir uns darum getrost etwas zu tun, auch wenn es gar keinen Zweck erfüllt, sondern einfach schön ist: basteln, malen, unsere Umgebung aufräumen und schmücken, Reisen vorbereiten, Gäste einladen, Freunde besuchen und tausend andere Dinge mehr. Sie ergeben den kleinen Sinn an den Spitzen einer Sinnhierarchie, die im Alltag beginnt und bei den großen Transzendenzfragen endet. Denn an der Spitze dieser tannenförmigen Struktur, in der eine Sinnebene auf die andere übergeht und sich auf die Frage zuspitzt, welchen Sinn unser Leben überhaupt hat, steht natürlich das Problem, ob wir an einen Sinn unseres Lebens insgesamt glauben oder nicht. Der eine beantwortet diese

Frage durch den praktischen Vollzug, der andere durch die grundlegende Einstellung: Mein Leben hat einen Sinn; ich bin ein Gedanke Gottes, der sich in der Welt zu Ende denkt und in die Praxis umsetzt, oder wie immer man es formulieren will. Dazwischen suchen wir den Kampf gegen die Sinnlosigkeit an vielen Fronten zu führen; denn es ist besser, ein Licht zu entzünden, als die Dunkelheit zu beklagen.

Wir können uns für eine gesunde Umwelt, für den Frieden, für die Menschenrechte, die politischen Gefangenen, die hungernden Kinder in der Welt, für mißhandelte Frauen, die Opfer der Verbrechen, für humanen Strafvollzug, für die Erhaltung eines alten Dorf- oder Stadtbildes, für Mitbestimmung in der Schule, Humanisierung der Arbeit, lärmfreie Innenstädte und unzählige andere Dinge mehr einsetzen, die wichtig sind und uns wissen lassen, was wir tun und warum wir es tun. Plötzlich ordnen sich unsere Kräfte auf ein Ziel hin, unser Inneres wird sinnvoll strukturiert, für Wehwehchen und Kümmernisse ist kein Platz mehr. Depressionen lösen sich auf, und eine tiefe Freude durchzieht uns: Wir wissen, wozu wir da sind, wir werden gebraucht und stehen unseren Mann beziehungsweise unsere Frau.

Das Gefühl, gebraucht zu werden, ist offenbar für die Sinnerfüllung entscheidend wichtig und für manche Menschen sogar ausschlaggebend. Wenn sie es schwer haben, sich selbst Sinnziele zu setzen, erwarten sie von anderen, daß sie dies tun und daß sie ihnen das Gefühl geben, wichtig zu sein. Es ist wohl der stärkste Motor der Nächsten- und Nachbarschaftshilfe, das Gefühl, das Großeltern glücklich macht, aber auch jungen Leuten gut bekommt: Wir stehen nicht am Rande, sind nicht überflüssig, sondern man braucht uns.

Darum ist Arbeitslosigkeit auch so schwer zu ertragen, weil sie das Gefühl vermittelt, eben nicht mehr gebraucht zu werden, jedenfalls in einer Gesellschaft, die Arbeit und Beruf an die erste Stelle der Sinnpyramide rückt. Alternative Programme sind heute auch mit Recht bemüht, das Gefühl der Sinnerfüllung auf andere Weise als durch Arbeit zu vermitteln, nämlich durch Austausch, Weiterbildung, ehrenamtliche Aufgaben, Einsatz für Initiativen und Freizeitaktivitäten. Immer geht es um Sinn, und das ist gut. Er hält uns am Leben, so bescheiden dieser Sinn auch immer sein mag: Jeder braucht ihn, und wenn man es verwirklichen könnte, müßte man sagen, jeder hat ein Recht darauf.

Zugleich aber muß jeder auch seinen Sinn selbst finden und verwirklichen. Er kann nicht vorfabriziert und vorformuliert werden. Allerdings ist es leichter, Sinn im konkreten Alltag und im einzelnen Handlungsvollzug zu entdecken, wenn der Gesamtsinn des Lebens – allen Tatsachen und Widerständen zum Trotz – bejaht wird, etwa in dem positiven Grundgefühl: Ich werde geliebt, ich werde gebraucht, ich bin wichtig.

Spontaneität

Jeder von uns hat ein Leben, sein Leben: Ob er darüber hinaus – nach dem Tode – ein weiteres hat, darüber gibt es verschiedene Auffassungen. Eines ist unstrittig: Er hat dieses sein Leben und ist dafür verantwortlich. Es weiß zwar niemand im voraus, wie lange sein Leben dauern wird. Aber den größten Teil dieser Zeitspanne erleben wir bewußt und im vollen Besitz unserer körperlichen und geistigen Kräfte. Wir sollen und dürfen frei und verantwortlich über sie verfügen, mit ihnen entscheiden und aus unserem Leben das Beste machen. Nur wenn wir dies bewußt tun, empfinden wir uns als frei und fühlen uns wohl.

Das Glück jedes Menschen beginnt, wenn er sich für sich entscheidet. Er muß nicht das Leben eines anderen führen, sondern sein eigenes; er ist nicht zuerst für andere verantwortlich, sondern für sich, und nicht andere sind zuerst für ihn verantwortlich, sondern er selbst ist es. Wer sich dies – am besten täglich – bewußt macht, leistet damit sozusagen den immer wieder neuen Sprung auf die eigenen Füße.

Wer sich für sich selbst entscheidet, hat wohl die wichtigste Entscheidung in seinem Leben getroffen. Doch unser ganzes Leben hindurch sind wir gezwungen, Entscheidungen zu treffen, durch die wir unser Leben und unser Glück bestimmen.

Um uns wirklich frei zu entscheiden, brauchen wir ein gewisses Maß an Spontaneität. Niemand kann zwar jeden Augenblick tun, wonach ihm gerade zumute ist, aber wer aus seinem innersten Gefühl heraus handelt, entscheidet selten falsch. Spontaneität ist die Vorbedingung für Qualitäten, die wir auch sonst zu schätzen wissen: Lebendigkeit, Frische, Mut, Herzlichkeit, Hilfsbereitschaft, Ausdrucksfreudigkeit. In ihnen erfährt man das Leben einfach direkter und intensiver. Außerdem hilft uns Spontaneität, unsere Möglichkeiten – auch die kaum bekannten – besser auszuschöpfen.

Die meisten Menschen schöpfen ihre Möglichkeiten leider nicht aus, sondern beschränken sich, ohne daß dies einer bewußten Entscheidung entspränge, auf ein geringeres Spektrum ihrer Chancen, als sie müßten.

Die Gefahr ist gerade in einer zunehmend verwalteten Welt, auch wenn sie sich sozialer Rechtsstaat oder Solidargemeinschaft nennt, besonders groß, daß nicht nur die Schwäche des Hilfsbedürftigen ausgeglichen, sondern neue Hilfsbedürftigkeit und Schwäche erzeugt wird, weil die große Gemeinschaft dem Einzelnen viel von dem abnimmt, was er selbst leisten könnte.

So wie jeder für sich selbst verantwortlich ist, so sollte sich auch der Sozialstaat so verstehen, daß er Hilfe zur Selbsthilfe leistet und die Selbstverantwortung des Einzelnen stärkt oder – wo notwendig – ermöglicht.

In jeder Schwierigkeit sollte sich jeder fragen: Was kann ich selbst für die Lösung tun, und wie kann ich meine Verantwortung für mich selbst so gut, wie es geht, wahrnehmen? Und nicht: Wo finde ich jemand, der die Lösung für mich bereithält? Oder: Ich tue zunächst einmal gar nichts, irgend jemand wird sich schon finden. Beide Einstellungen sind leider sehr verbreitet. Mit dem Begriff Verantwortung ist etwas ganz Einfaches gemeint, nämlich die Identität mit sich selbst. Ich erprobe meine Kräfte, und ich erfahre mich in dieser Erprobung und Bewährung. Ich trainiere sozusagen ständig den Muskel meiner Existenz. Der primäre Motor ist der einfache Drang nach Selbstverwirklichung und Selbstbestätigung. Wir spüren die lebendigen Regungen, die eigenen Wünsche, den Willen und den Drang nach Aktivität, spüren aber auch den Widerstand, der unvermeidlich ist und gegen den wir uns verwirklichen.

Wenn wir einmal genau darauf achten, sind wir erstaunt, wie oft wir nicht wissen, was wir wollen, und wie viele Menschen unter uns leben, die nur selten wissen, was sie wollen. Die Ursachen dafür liegen in einer entfremdeten, meistens autoritären Erziehung und in dem hohen Gewicht, das wir sozialen Tugenden, vor allem der Anpassung an und der Aufopferung für andere Menschen geben. Doch um Entscheidungen treffen zu können, muß ich wissen, was ich will. Ich muß mich täglich neu entscheiden. Die Entscheidung findet im Augenblick statt. Ich lebe in der Gegenwart, nicht in der Vergangenheit, nicht in der Zukunft. Mein Leben ist in diesem Augenblick, ich muß mich jetzt entscheiden, wie mein Leben weitergehen soll. Es liegt in meiner Hand, das Beste aus meinem Leben zu machen, für welchen Weg ich mich entscheide.

Stolz

Als Kind war ich stolz auf meinen Vater. Er war mutig, warmherzig, beliebt und charakterstark. Aber mit welchem Recht war ich stolz darauf? Waren es *meine* Eigenschaften? Hatte ich etwas dafür getan?

Später, als ich selbst das eine oder andere zuwege gebracht hatte, war ich auch darauf ein wenig stolz – habe mich aber gleichzeitig für diesen Stolz ein wenig geschämt. Hat nicht Goethe – im *Tasso* – recht, wenn er sagt: »Was man ist, das blieb man andern schuldig«? Schulden wir es nicht anderen – im doppelten Sinn dieses Wortes? Was berechtigt einen deutschen Otto Normalverbraucher, der nie den *Faust* gesehen oder gelesen hat und der keins der viereinhalbtausend Goethe-Gedichte auswendig kennt, auf Goethe als den größten deutschen Dichter stolz zu sein – nur, weil er auch Deutscher ist? Jeder russische oder afrikanische Germanist steht Goethe näher. Goethe selbst fand übrigens Deutschtümelei ekelhaft und hätte es brüsk abgelehnt, daß andere unter Berufung auf die gemeinsame, ungeliebte Nation unter seine Fittiche kriechen. Da war Heine deutscher, aber auf den ist man ja weniger stolz ...

Wie sagt schon der Volksmund – deutscher Volks-Mund! –: Dummheit und Stolz wachsen auf einem Holz! Und wenn man als nachdenklicher Christenmensch auch dem Volksmund nicht traut, so schaut man in seine Bibel. Dort ist nahezu fünfzigmal von Stolz die Rede, und nicht ein einziges Mal positiv! Nur die paar Stellen aus der Weisheit Salomons seien zitiert: »Unter den Stolzen ist immer Hader«; »Ein stolz Herz ist dem Herrn ein Greuel«; »Wer zu Grunde gehen soll, der wird zuvor stolz«; »Stolzer Mut, die Leuchte der

Gottlosen, ist Sünde«; »Ein Stolzer erweckt Zank«. Für das letztere möge hier auch Friedrich Hölderlin stehen, der in seinem *Hyperion* (ein fremder Name für deutsche Verhältnisse) schrieb: »Ich kann kein Volk mir denken, das zerrißner wäre als die Deutschen.«

Wer stolz sein wollte, ein Deutscher zu sein, sollte sich zuvor darüber klar werden, was Deutschland alles heißt: Karl der Große und Widukind, Luther und Fugger, Nietzsche und Marx, Humboldt und Himmler, Göring und Grass, nicht nur Wittenberg und Weimar, Berlin und Berlichingen, sondern auch Dachau und Dresden, Belsen und Bonn. Wer stolz sein will auf dieses Land und dieses Volk, das berühmt ist für sein Pendeln zwischen den Extremen, zwischen Karrieregeilheit und Kadavergehorsam, zwischen Korrektheit und Korruption, für die grillparzersche Trikolore von Nationalität, Humanität und Bestialität, muß wissen, was er tut.

Um keine Zweifel aufkommen zu lassen: Auch ich bin gern Deutscher in Deutschland, schon weil es ein schönes Land – trotz Wald-, Bauern- und Kühesterben – ist und hoffentlich bleibt, weil es wieder geeint ist – trotz noch vorhandener innerer Spannungen –, weil es mir hier gut geht und ich im großen und ganzen hier leben kann, wie ich will. Ich liebe dieses Land, obwohl ich mit Gustav Heinemann weiß, daß ich ›ein schwieriges Vaterland‹ habe mit einer Geschichte voller Größe und Grauen. Ich fühle mich sogar verantwortlich für Dinge, die ich gar nicht zu verantworten habe – ich wurde dreizehn, als der Krieg zu Ende ging. Ich konnte danach das Gymnasium abschließen, studieren, wenn auch unter ärmlichen Bedingungen, fand eine Stelle (mein erstes Gehalt betrug 350 Mark, und ich hatte schon Frau und Kind). Aber es ging aufwärts – wie mit dem deutschen Staat. Bin ich deswegen stolz, ein Deutscher zu sein? Mit Recht sagte Bundespräsident Rau auf diese Frage:

Stolz? Ich kann froh sein, dankbar sein, aber »stolz sein kann ich nur auf das, was ich selbst zuwege gebracht habe«. Doch selbst da sollte man vorsichtig sein. Stolz wuchert so leicht, schreit nach besser, erfolgreicher, klüger, schöner sein. Nationalgefühl ist gut – im Sinne eines Zugehörigkeits- und Zusammengehörigkeitsgefühls. Je selbstverständlicher dies ist – und andere Völker haben es auch – um so besser und ›normaler‹. Zugegeben: Diese Selbstverständlichkeit wurde zu lange vernachlässigt, wohl auch diskriminiert und unterdrückt. Jetzt rächt sich dies wieder – durch Übertreibung, typisch deutsch! Auch darauf stolz?

Oder dürfen wir uns aus allem Deutschen nur die Rosinen herauspicken: den Goethe – auch der hatte seine Schattenseiten –, die Wertarbeit – die es vor allem einmal war –, die Tapferkeit – die Millionen Tote gekostet hat? Sollten wir nicht schon darum den Nationalstolz niedriger hängen, den Mund nicht so voll nehmen, uns an Nationalgefühl und Liebe zu Land und Leuten genügen lassen? Dann wäre Zank – wer ist der bessere Deutsche, wer hat das schönste Vaterland? – nicht nötig.

Sünden, kleine

Wer wirft den ersten Stein? Ich bestimmt nicht. Denn hat nicht jeder und jede ein paar Leichen im Keller? Ein paar Beispiele gefällig? Klatsch über Abwesende, Neid auf Menschen, die besser dastehen, und Schadenfreude über Menschen, die dann doch nicht so gut dastehen, gelogene Höflichkeiten, gebrochene Versprechen, zu wenig Zeit für die nächsten Menschen, Undank und gedankenloses Ausnutzen, Schneiden, aus dem Wege gehen ... Ich kenne das meiste davon und noch vieles mehr auch von mir und habe sicher im Laufe meines Lebens viele Menschen dadurch enttäuscht.

Das stapelt sich in der Tiefe meines Gewissens, wenn ich nur einmal die Kellertür dazu öffne. Wilhelm Busch, der weise Humorist, hat recht, wenn er sagt, das schlechte Gewissen müßte eigentlich das gute heißen, weil es uns heimleuchtet, das Bewußtsein schärft und uns damit besser macht.

Besser? Können wir uns, im Bewußtsein solch angeblich kleiner Sünden, wirklich besser fühlen?

Vielleicht sind gerade Christen die besten Sünder. Und zwar aus zweierlei Gründen: Erstens müßten Christen eigentlich das schärfere, feinere Sündenbewußtsein haben; zweitens kommen bei ihnen noch ein paar typisch christliche Sünden dazu: Pharisäertum zum Beispiel, dogmatische Haarspaltereien und die dazugehörigen Rechthabereien, religiöser Besitzerstolz der Rechtgläubigen, außerdem rituelle Zwangshandlungen zur Gewissensberuhigung und noch zahlreiche »kleine« Sünden mehr.

Als ich im Studium auch ein paar theologische Vorlesungen besuchte – sie haben mich nicht frömmer, aber sicher auch nicht schlechter gemacht –, erlitt ich in meinem idealistischen Jugendglauben einen gewissen Schock: Ich hörte bei einem berühmten Dogmatiker, der erste Zweck der Zehn Gebote sei nicht etwa, sie zu erfüllen, sondern durch sie als Sünder überführt zu werden. Salopp gesagt, sollen wir wissen, wo es langgeht, aber zugleich auch erkennen, daß wir nie dahin kommen werden. Wir sollen danach trachten, vollkommen zu sein, aber gleichzeitig deutlich erfahren, wie unvollkommen, ja sündhaft und gottfern wir sind. Das wird wohl letzten Endes auch der Sinn von Luthers viel zitiertem »pecca fortiter, sed crede fortius« sein – sündige tapfer, aber glaube noch tapferer. So können wir schließlich auch mit »kleinen Sünden« leben, statt sie aus Perfektionswahn leugnen zu müssen. Aber klein sind sie deshalb genau genommen noch nicht, steckt doch – um damit die Hauptsünde zu benennen – viel Lieblosigkeit darin, jedenfalls in den meisten

Oder wollen wir etwa den Sündenbegriff derart verharmlosen und verunsinnigen, wie es heute üblich geworden ist, wenn man bekennt: »Ich habe gesündigt« und damit meint: Ich hab ein Stück Torte zu viel gegessen, das sich auf den Hüften ablagert. Oder der »Verkehrssünder«, der mal eben die vorgeschriebene Geschwindigkeit überschreitet und dabei geblitzt wird – immerhin könnte man dies noch als matten Abglanz des göttlichen Blitzes aus zornigem Himmel verstehen, wie ihn die frommen Ahnen erlebten.

Daß Sünde theologisch auf diese Weise entschärft und psychologisch verlagert werden soll, beweist zum einen, wie abgestumpft und zugleich verspielt wir mit der wirklichen Sünde umgehen, und zeigt zum anderen, wie weit wir unsere Sünden verdrängen. Weil wir Angst haben, sie uns einzugestehen.

Die Sünde scheint ein ebensolches Tabu zu sein wie Krankheit, Alter und Tod (der nach Paulus »der Sünde Sold« ist). Dabei lassen sich, falls eine solche Unterscheidung überhaupt sinnvoll ist, die »großen« Sünden, etwa Vergehen und Verbrechen, schwerer leugnen als eben die kleinen Sünden. Aber gerade das könnte uns menschlicher machen, wenn wir uns wenigstens die kleinen eingestehen würden. Dadurch werden wir uns unserer Grenzen bewußt, vor allem unserer moralischen Grenzen. Dann können wir uns wohl kaum noch – jedenfalls nicht derart hoch – über andere erheben, wir gewinnen eher Verständnis für sie, ihre Schwächen und Fehler, auch ihre Verfehlungen. Und sind wir darauf nicht alle dringend angewiesen?

Das schließt nicht aus, daß wir endlich auch die eine oder andere Leiche aus dem Keller holen und anständig bestatten. Daß wir also uns selbst und anderen verzeihen, daß wir vielleicht auch wieder gutmachen, soweit es noch nötig und möglich ist. Die kleinen Sünden erlauben uns das, ohne daß wir allzu sehr unser Gesicht verlieren müßten. Schließlich sind wir alle keine Engel. Eine stets bereite Alltagsaggressivität ist uns anscheinend angeboren. Sie zu leugnen und zu verdrängen wäre ebenso gefährlich wie ihr freien Lauf zu lassen. Aber muß sie sich in Gemeinheiten und Gehässigkeiten ausleben? Kann die Aggressivität sich nicht auch in offenem Streitgespräch nach fairen Regeln, in klarem Wettstreit, im Sport, im Spiel entladen? Dies gilt es zu üben. Im Rahmen eines fairen Spiels werden dann auch ein paar kleinere Fouls leichter weggesteckt. Was natürlich nicht heißt, daß wir solche Fouls bewußt begehen sollten. Aber ich fürchte, wir werden ihnen nicht ganz entgehen.

Wie sagte doch Wilhelm Busch: »Man ist ja von Natur kein Engel, vielmehr ein Welt- und Menschenkind. Und ringsumher ist ein Gedrängel von solchen, die dasselbe sind …«

Sympathie

Wohl alle möchten gern sympathisch sein! Dabei ist Sympathie so relativ: Dem einen bin ich sympathisch, dem anderen nicht. Nur ganz wenige Menschen sind allen unsympathisch. Aber offenbar gibt es Menschen, die alle mögen. Und diese sympathischen Menschen haben es leichter: In Geschäften werden sie schneller und freundlicher bedient; die Polizei sieht ihnen kleine Verkehrssünden leichter nach; andere sind ihnen gegenüber aufgeschlossener, kommen ihnen privat wie geschäftlich eher entgegen; sie haben leichter Erfolg – auch beim anderen Geschlecht. Wie kommt das nur, und was für Menschen sind das?

Ich habe festgestellt, daß dies nicht vom Alter, auch nicht vom Geschlecht abhängt; übrigens auch nicht von Intelligenz und Bildung. Ist es ein Naturtalent? Oder zeichnen den Sympathischen bestimmte Eigenschaften aus, die man auch erwerben kann? Ich glaube, es ist beides: Ein glückliches Naturell hat es leichter, sympathisch zu wirken, jemand, der gern lacht, der Lebensfreude ausstrahlt, eine positive Grundeinstellung zur Mitwelt, aber auch zu sich selbst hat. So etwas steckt an und wirkt zurück auf die, von denen es ausgeht. Wie es in den Wald hineinruft, so tönt es heraus. Aber eine solche Einstellung kann man auch erwerben. Ich sende dem Gegenüber Signale wie: »Ich mag dich«, oder: »Ich suche keine Fehler und Schwächen, sondern gute Seiten und Stärken.« So etwas baut auf, gibt Mut, macht aufgeschlossen. Mit so jemand möchte man in Kontakt treten, kurz: So jemand wirkt sympathisch. Im Jugendjargon – das habe ich bei meinen Kindern abgelauscht – ist so jemand ein »Sympath«; Sympathieträger scheinen in sich zu ruhen, sie haben ihre Mitte gefunden, aus der sie leben. Sie sind nicht stolz oder überheblich – so etwas erweckt eher Antipathie. Sie leben ihre Stärken lässig aus, ohne viel Aufhebens davon zu machen. Sie kennen auch ihre Schwächen. Aber Schwächen, die man bei sich kennt und toleriert, machen meist auch toleranter den Schwächen anderer gegenüber. Und das macht sympathisch.

Der sympathischste Mensch, der mir in meiner Kindheit begegnet ist, war meine Tante Anna, die beste Jugendfreundin meiner Mutter und Konrektorin einer Grundschule. Ich sehe noch ihre große Würde und Heiterkeit ausstrahlende Erscheinung. Sie besuchte uns ein- oder zweimal im Jahr und erkundigte sich stets wirklich interessiert nach uns und unseren Projekten und Unternehmungen. Und wie selten ist ehrliches, geduldiges Interesse: Da faßt man Vertrauen und erzählt gern.

Sympathie kann auf Grund sehr oberflächlicher Qualitäten zuteil werden. Aussehen, gute Kleidung, gewandte Umgangsformen – warum nicht? Wir sollten dieses Gefühl deswegen nicht abqualifizieren. Tatsächlich können uns aber auch die inneren Werte und die Einstellung sympathisch machen. Denn Sympathie heißt wörtlich: mitfühlen, mitleiden, und das ist doch etwas sehr Wertvolles, im Grunde eine christliche Tugend.

Ein Christ sollte Sympathie zeigen, aber durchaus auch erringen und verdienen. Freut euch mit den Fröhlichen und weint mit den Weinenden, heißt es in der Bibel. Das ist praktische Sympathie. Und natürlich: Sympathie, die ich für mich selbst empfinde. Ich muß lernen, mich zu mögen, wenn andere mich mögen sollen! Dann werde ich auch frei von eigenen Problemen und frei für andere: Ich frage, wende mich zu, ich lächle an, gehe auf mein Gegenüber zu. Ich warte nicht ab, bis ich angesprochen werde, sondern spreche selber an und höre aufmerksam zu. Dann bin ich – logisch – für andere »ansprechend«! Versuchen Sie es, es wirkt!

Wenn das echt und nicht aufgesetzt ist, wirkt es sogar dauerhafter als die Sympathie, die den »Gewinnern« zufliegt. Die größere, tiefere Sympathie wächst, schlägt Wurzeln und hält länger, weil sie nicht auf Schein, sondern auf Sein gründet, auf Zuverlässigkeit und Vertrauen. Auf die Dauer ist uns doch jemand wichtiger, auf den man sich verlassen kann, als jemand, der nur attraktiv, überall beliebt und everybody's darling ist – oder?

Freundlichkeit heißt der Transmitter, der Vermittler der Sympathie, und zwar grundlose Freundlichkeit, die zuerst von mir selber ausgeht. Freundlichkeit setzt Präsenz voraus, das Im-Augenblick-Leben, die Unmittelbarkeit und die direkte Zuwendung, die dem anderen das Gefühl gibt: Ich stehe im Mittelpunkt, ich werde aufmerksam angehört, jemand interessiert sich für mich, und zwar ehrlich und freundlich.

Entscheidend ist, daß Wahrheiten nicht schonungslos präsentiert werden. Unfreundliche Ehrlichkeit gibt es häufig, und nicht selten sind Leute stolz darauf, daß sie in jedem Falle ehrlich, und das heißt oft genug verletzend, auftreten. Ehrlichkeit erreicht den anderen jedoch nur über das Vehikel der Freundlichkeit, und wirkliche Freundlichkeit ist das schnellste Transportmittel für Wahrheiten.

Und die hoffnungslos Unsympathischen, die oft nicht einmal etwas dafür können? Gerade sie sind auf unsere Freundlichkeit angewiesen. Wenn sie Aufmerksamkeit erfahren, werden sie sich ein wenig sympathischer finden. Sympathie ist in der Tat nichts Statisches, Unveränderliches. Man kann sich auch gleichsam in jemanden hineinlieben. Jeder hat sympathische Seiten – man muß sie nur erkennen.

Wer liebt, sieht mehr, kann auch in der Häßlichkeit Schönheit erkennen. Und die »Sympathischen« können ihre Sympathie verschenken, verschwenden.

Toleranz

Das Wesen der Toleranz entfaltet sich in drei Erscheinungsformen, die sich stufenweise übereinander aufbauen:

Die erste Stufe bildet die opportunistische Toleranz. Wir denken dabei an das Geltenlassen des anderen aus kommerziellen Erwägungen im Sinne liberalen Wirtschaftsdenkens oder an die Toleranz als demokratische »Spielregel«, wie der entlarvende Ausdruck lautet. Allen Erscheinungen dieser Stufe ist gemeinsam, daß mit der Toleranz ein Zweck verfolgt wird. Dieses Verständnis von Toleranz ist sehr gebräuchlich, es schadet ihrem Ruf aber vielleicht am gründlichsten.

Erheblich tiefer wird die Toleranz in der idealistischen Interpretation verstanden. Leider ist man, um sie kennenzulernen, auf Bücher angewiesen, auch in feierlichen Deklarationen und Reden erfährt man von ihr – in der Praxis dagegen muß man sie mit der Lupe suchen. Sie ist beheimatet in den individualistischen Ursprüngen des Liberalismus, im Humanismus, im Sozialismus, sie beseelt die großen Demokraten. Sie geht von dem Prinzip der grundsätzlichen Gleichberechtigung aller Individuen der menschlichen Gesellschaft aus, das Gleichheit in Recht, Staat, Wirtschaft und Kultur fordert. Allen historischen Bewegungen, die diese Grundsätze vertreten, ist dazu noch ein unverkennbarer Optimismus des Menschenbildes gemeinsam: Der Mensch ist im Grunde gut, und wenn man ihm die Chance dazu gibt, wird er es auch beweisen. Das idealistische Menschenbild macht sich jedoch der Verharmlosung der Wirklichkeit schuldig. Die Erfahrungen nicht nur, aber gerade des letzten Jahrhunderts bezeugen, daß der Mensch, wenn man ihm die Gelegenheit dazu gibt, sich eher als Teufel denn als Engel erweist.

Fordert die opportunistische Haltung die Toleranz, weil die Menschen so schlecht sind und diese ohne Toleranz nicht zusammenleben könnten, so fordert die idealistische Auffassung die Toleranz, weil die Menschen so gut sind oder, wie es auch heißt – und das ist wieder etwas anderes –: weil die Intoleranz deren Wert und Würde verletzen müßte.

Mit dem Stichwort der Menschenwürde erhält das Problem plötzlich eine ganz neue und eigene Wendung. Die Menschen sind – unter dem Licht der Menschenwürde, auf der auch das Grundgesetz aufgebaut ist – nicht mehr gleichberechtigt, weil sie gleich sind oder gleich gut sind, sondern einfach weil sie Menschenantlitz tragen.

Mit der Bewußtwerdung der Menschenwürde geht die idealistische Toleranz in die christliche über. Dieses Verständnis der Toleranz ist nicht an das Christentum gebunden, von ihm in der Geschichte auch kaum weniger grob mißachtet worden als irgendwo anders. Es kann überall verwirklicht werden. Wir nennen diese Toleranz christlich, weil sie einmal gelebt wurde: von Jesus Christus. Die höchste Würde des Menschen ist, daß er, wie der biblische Schöpfungsmythos ausdrückt, nach dem Bilde Gottes gemacht ist. Das erlaubt weder die Glorifizierung noch die Verachtung des Menschen, aber es erlaubt, ihn so zu sehen, wie er ist. Er ist für mich jetzt nicht mehr das immer etwas blasse Wesen: Individuum, sondern er ist mein Bruder und meine Schwester – bei aller Andersartigkeit, bei aller Gegnerschaft. Wenn ich in jedem Menschen (nur) das gleichberechtigte Individuum der menschlichen Gesellschaft sehe, habe ich ihn nicht verstanden, aber wo ich ihn so sehe, wie er ist, ihn aus sich selbst, aus seinem eigenen Sinn heraus, in seiner unvergleichlichen Einzigkeit,

Einmaligkeit, Einzigartigkeit verstehe, da bin ich ihm nahe. Goethe wußte: Nur, wo ich liebe, kann ich erkennen. Aber da erkenne ich auch wirklich. Diese Auffassung der Toleranz ist dann weder optimistisch noch pessimistisch, sie ist realistisch. Sie sieht die kümmerlichen Halbheiten und Verdorbenheiten alles Menschlichen genauso wie seine leuchtenden Möglichkeiten.

Die opportunistische Toleranz ist Toleranz, damit ..., die idealistische ist Toleranz, weil ..., die christliche ist Toleranz, trotzdem! Nicht damit die Welt so oder so werde – das müßte scheitern – oder weil der Mensch so oder so ist – das wäre eine Täuschung, die nicht trägt –, sondern obwohl er so ist, toleriere ich ihn als das Kind des einen Vaters, der beide liebt, ihn und mich.

Die idealistische Toleranz steht dem Relativismus sehr nahe: Jeder hat auf seine Weise recht. Absolutes, Wahrheit gibt es gar nicht. Der vorsokratische Philosoph Protagoras spricht das unüberbietbar deutlich aus: Der Mensch ist das Maß aller Dinge, aller Geltungen. Für das christliche Verständnis ist der Mensch nicht das Maß aller Geltungen. Im Aspekt des Absoluten bekommt die Toleranz die ihr eigene innere Widersprüchlichkeit. Christus will, daß ich den Nächsten anerkenne, auch wenn er irrt, ihn liebe, auch wenn er mein Feind ist. Diese Toleranz »rechnet das Böse nicht zu« – ohne es zu leugnen. Diese Auffassung der Toleranz ist die unerbittlichste, weil sie keinen Kompromiß und keine doppelte Wahrheit kennt. Das Verbindende, Gemeinsame, Gleiche sind nicht mehr die Akzidentien Weltanschauung, Sprache, Kultur, Vernunft, sondern das Wesentliche, das Humanum selbst.

Die Toleranz, die den Nächsten achtet, auch ohne daß es psychologisch, moralisch, politisch Grund oder Zweck hat, ist die schwerste, aber auch die verläßlichste und echteste aller möglichen Toleranzen.

Trauer

Der Trauer entgeht keiner, denn wir sind nun einmal sterblich und müssen uns mit dieser Tatsache abfinden. Mit dem Tod eines geliebten Menschen bricht die Welt für uns zusammen, das ganze Lebensgefühl kommt ins Wanken, man fühlt sich hohl, völlig ausgebrannt, als wäre man selbst gestorben. Alles ist dunkel in einem und auch um einen herum. Der Verstand kann es nicht fassen, es ist unbegreiflich, daß man plötzlich auf die Gegenwart des geliebten Menschen verzichten soll.

Man muß lernen, loszulassen, Dinge und Menschen herzugeben, lernen, um Verlorenes zu trauern, ohne daran zu zerbrechen. »Trauer ist Schwerstarbeit«, sagte Sigmund Freud, und diese schwere Trauerarbeit ist nicht von heute auf morgen zu bewältigen. Auch ein rascher Trost ist nicht möglich; der geliebte, verlorene Mensch wird uns fehlen. Die nächsten Wochen und Monate werden schmerzvoll sein, der Trauernde muß mit sich selbst Geduld haben. Erinnerungen werden wach, alte Briefe holt man hervor und liest sie noch einmal, das Fotoalbum bekommt plötzlich einen höheren Wert. Bei all dem Kramen in der Vergangenheit werden immer wieder Tränen fließen – Tränen und Trauer gehören zusammen, aber die Tränen können auch erleichtern. In dieser Beschäftigung mit der Vergangenheit liegt ein Ordnen der Gefühle, eine Hilfe, den Schmerz zu überwinden. Man muß sich dem Schmerz stellen, erst dann kann er verarbeitet und überwunden werden, das ist ein Gesetz des Lebens.

Schlaflose Nächte, erdrückende Stille, Einsamkeit und Ruhelosigkeit sind ganz natürlich, selbst Appetitlosigkeit und körperliche Schwäche muß man ertragen. Das alles gehört zur bitteren Schule der Trauerbewältigung.

Wer nicht liebt, kann nicht trauern; wer um nichts weint, hat nichts geliebt. Es ist eine große Aufgabe unseres Lebens, daß wir fähig werden, durch Trauer hindurchzugehen und dennoch aufrecht zu bleiben und nicht zu verdorren.

Trauer soll aber nicht heißen, dem Vergangenen, dem Gestern ewig nachzutrauern und nicht darüber hinauszukommen. Trauer führt uns in neue Lebensdimensionen und eine neue Hoffnung hinein, die gerade der Trauernde dringend braucht und für die er deshalb um so aufgeschlossener ist.

Jedes Leben ist durch Trennung und Verlust gezeichnet. Sie begleiten unser Leben von frühester Kindheit an: der Verlust der Großeltern und später der Eltern, der Heimat, der Kindheit, der Vitalität und lieber Menschen, die wir kannten und denen wir nahestanden. Wer sich dem unterwerfen wollte, käme aus dem Trauern und der Depression nicht heraus. Aber umgekehrt hat jeder Tag auch die Chance zu neuer Freude, neuer Liebe und neuem Glück, die es uns ermöglichen, unser Leben dennoch zu bejahen.

Mit den Verlusten, die uns begleiten, müssen wir den Sinn dafür schaffen und dürfen die Anlässe der Freude nicht übersehen. Mit großen Augen schauen wir auf all die herrlichen Herausforderungen, die auch in den einfachsten Dingen liegen: im Licht des Morgens, der Luft eines Frühlingstages, dem Hauch des Windes und dem Glanz des Sternenhimmels. Wahre Freude bleibt unsere persönliche Chance und die wichtigste Dimension eines glücklichen Lebens. Wer Freude erfahren und sie vermitteln kann, ist wohl nie einsam und unglücklich. Er wird die Kunst erlernen, im Geben der Freude anderen wichtig zu sein, wie er auch sie wichtig nimmt.

Auf alten Uhren steht das Wort »Zeit eilt, teilt und heilt«. Auch heilen tut sie, zum Glück. Und so geht irgendwann das Leben weiter, und die Menschen, die mit uns sind, fordern ihr Recht und geben uns wieder Mut, in die Zukunft statt in die Vergangenheit zu blicken. Die Arbeit der Trauer ist abgeschlossen, auch wenn das Leben nie wieder so wird, wie es einmal war: Es geht weiter und fordert sein Recht, fordert uns. – Wie antworte ich?

Ich suche mir eine Aufgabe, die mich von meinen Gedanken ablenkt. Dabei erfahre ich zunächst einmal, wie es mit meinen geistigen oder körperlichen Fähigkeiten steht. Eine Aufgabe bietet nicht nur die Möglichkeit, die Zeit totzuschlagen. Sie bringt es oft mit sich, daß der Allein-Lebende anderen Menschen begegnet und – was ganz wichtig ist – merkt, daß er noch gebraucht wird.

Wird dieses Ja zum Leben nicht erreicht, so legen sich die Jahre in immer enger werdenden Ringen über die Seele. Der Horizont der Hoffnung schrumpft, man schaut durch die verkniffenen Augen des Mißtrauens in die Welt und wird bitter. »Das ist das Schlimmste«, so hat Simone de Beauvoir einmal gesagt, »alt werden und einsam sein«. Es ist besonders schlimm für den, der ganz auf ein gemeinsames Schicksal hin angelegt war, das nun jäh zerstört oder allmählich gescheitert ist. Die Erinnerungen hängen wie zerrissene Spinngewebe in allen Winkeln des Herzens. Man schaut um sich und sieht das erfüllte, ja sich im Alter voll erfüllende Glück der Paare, die den Lebenskampf, auch den Kampf der Geschlechter durchgestanden haben, die aneinander gereift und häufig aufeinander zu gewachsen sind, so daß sie ähnlich und einig wirken.

Für Menschen, die nach Jahren ehelicher Gemeinsamkeit allein durchs Leben gehen müssen, ist nicht Bitternis das unausweichliche Schicksal. Wir finden gerade unter ihnen die rührigsten, lebensvollsten und warmherzigsten; fast hat man den Eindruck: Sie sind jünger geblieben als andere. Das Geheimnis ihrer Vitalität und Herzenswärme besteht darin, daß sie ihr Leben angenommen und bejaht haben und nun spüren dürfen, daß sie auf Liebe keineswegs verzichten müssen, wenn sie aufhören, Liebe für sich zu beanspruchen.

Treue

Es ist geradezu erstaunlich, daß nach einer Zeit, in der immer wieder die freie Liebe ausgerufen wurde, die Menschen, vor allem junge, sich wieder zur Treue bekennen. Offenbar gehört sie zu den Träumen, die sich immer aufs neue wiederholen, auch wenn sie so selten auf Dauer zu verwirklichen sind. Und doch: Treue ist kein leerer Wahn. Sie ist das Rückgrat, das Skelett jenes zarten und weichen Materials, aus dem die Liebe ist. Ohne die Beständigkeit der Treue würden die Liebesgefühle schwanken wie Aprilwetter.

Gefühle allein reichen offenbar nicht – es soll etwas anderes hinzukommen: Zuverlässigkeit, Gewißheit.

Der Psychoanalytiker Erich Fromm sagt: »Einen anderen zu lieben, das ist nicht nur ein starkes Gefühl – das ist eine Entscheidung, ein Versprechen.« Ein Versprechen soll der Flüchtigkeit der Gefühle Rückhalt verleihen – eben wie ein Skelett dem weichen und zarten Fleisch. So weich und zart ist auch die Liebe; sie bedarf des Schutzes und der Stärkung, wenn sie halten soll.

Das ist – gerade in einer Zeit, in der alles zu wanken scheint – ein begründetes Bedürfnis. Man möchte sich auf den anderen verlassen können, und tief im Innern nagt die Angst vor dem Verlassenwerden. Insofern ist Treue sowohl ein starker positiver Wunsch nach Dauer als auch ein Resultat der eher negativen Angst vor Verlassensein.

Und da liegt natürlich immer aufs neue das Risiko jeder Beziehung: Solange die Liebe zwischen beiden Partnern hin und her flutet, ist Treue kein Problem. Deshalb haben junge Paare es leichter, einander Treue zu schwören. Es macht ihnen zunächst meist auch keine Schwierigkeiten, sie zu halten.

Anders wird es in dem Augenblick, in dem die Liebe nicht mehr so stark lebt. Wenn auch andere Partner in Sicht kommen, die der Liebe würdig oder die einfach nur attraktiver scheinen, so macht leicht die Gelegenheit Liebe – und Diebe: Schnell sind die Gefühle geteilt, scheint auch ein Wechsel möglich.

So kommt es zu den kleinen und großen Tragödien der Eifersucht. Dieses Pistole-auf-die-Brust-Setzen: »Sie oder ich« oder »Er oder ich« – »Du mußt dich entscheiden«. Und so entsteht vielleicht eine Bindung mit neuen Treueschwüren und neuen Gefährdungen – ein aufregendes Spiel, solange wir an einem Paarbegriff festhalten, der keine Ergänzung und keine Konkurrenz duldet.

Dann aber ist Treue die Konsequenz. Sie wird jedoch zur Fessel und zum Krampf, wenn keine Liebe mehr dahintersteht. Natürlich kann man die Forderung vertreten, daß auch dann Treue herrschen muß – im Blick auf die Fürsorge für gemeinsame Kinder oder den Erhalt gesellschaftlicher Positionen oder wirtschaftlicher Vermögen. Treue kann auch eine Schutzfunktion gegenüber den allzu heftigen Schwankungen der Liebesgefühle haben. Diese können auch zeitweise verschwinden und müssen, selbst wenn es zunächst so scheint, nicht für immer ausgelöscht sein. Wenn sie aber gänzlich abgestorben sind, wäre die zum nackten Treueverlangen abgemagerte Liebe nur noch ein klappriges Skelett, dem es an Fleisch und Blut gebricht. Liebe, um es auf eine Formel zu bringen, setzt Treue voraus, aber Treue ohne Liebe wäre eine sinnlose Forderung.

Die Treue wird oft gebrochen. Nach immer wieder erneuerten Umfragen gilt dies etwa für jeden zweiten Mann und jede dritte Frau. Partner gehen fremd aus Lust auf Abenteuer, aus Neugierde auf etwas Unbekanntes, aus einer Verliebtheit heraus. Oft ist der Wechsel, verbunden mit großer innerer Ruhelosigkeit, Signal einer Lebenskrise und Ausdruck des Gefühls, daß man das Leben doch nicht nur an der Seite eines Partners vorbeiziehen lassen kann. Oft ist das Motiv auch Flucht aus den täglichen Spannungen, die in gegenseitige Entfremdung ausarten können. Entfremdung mündet in tiefe Einsamkeit innerhalb einer nur noch äußerlich bestehenden Zweisamkeit. Fast zwangsläufig führt diese brisante Gefühlslage in die Arme eines Dritten, bei dem man sich verstanden fühlt. Vielleicht ist es jemand, der endlich einmal Zeit hat, der einem liebevoll zuhören kann, der im richtigen Augenblick da ist und einen in die Arme nimmt und tröstet.

Diese Situation – so schön wie schmerzvoll – ist längst alltäglich und tausendfach gegenwärtig. Dennoch bekennen sich heute knapp achtzig Prozent der jungen Leute zu der Forderung nach Treue. In einer Welt, die ständig kälter, unpersönlicher und aggressiver wird, möchten wir uns wenigstens auf einen Menschen ganz verlassen können und bei ihm Liebe und Geborgenheit finden. Das ist natürlich nur möglich auf der Basis von Vertrauen, und das heißt eben auch Treue.

Offenbar bestimmt den Menschen ein labiles Gleichgewicht zwischen Tendenzen der Selbstverwirklichung auf der einen und der Sehnsucht nach Geborgenheit und Gemeinsamkeit auf der anderen Seite. Überwiegt die erste Tendenz, sind Egoismus und zerbrechende Beziehungen die Folge. Dominiert die soziale Seite, leiden wir unter Abhängigkeit und Selbstentfremdung. Ziel ist die Ausgewogenheit beider, so labil und gefährdet sie auch sein mag.

In einer Welt, die immer mehr aus den Fugen gerät, stehen die Chancen gar nicht so schlecht, daß in uns die Kräfte wachsen, mit denen wir gegensteuern können: die Kräfte des Vertrauens, der Zuverlässigkeit und der Treue.

Verantwortung

Verantwortung ist einer der am meisten strapazierten und offenbar dehnbarsten Begriffe, die es gibt. Er ist sehr klangvoll, so daß man bei einem hochgestellten Staatsmann sagt, er habe eine hohe Verantwortung zu tragen. Er ist sehr gewichtig, so daß man einen Unternehmer für einen Menschen in verantwortlicher oder verantwortungsvoller Position hält. Er ist belastend, so daß man von einem jungen Mann, dessen Liebe zu einem Mädchen Folgen hat, sagt, er müsse die Verantwortung dafür übernehmen. Unsere Erziehung will zur Verantwortung erziehen, und die meisten – so hört man von Kulturkritikern – würden sich am liebsten vor ihr drücken.

Verantwortung hat offenbar etwas mit unserer Beziehung zu anderen Menschen zu tun, die etwas von uns erwarten und auf deren Erwartungen wir antworten müssen. Die anderen sind also Gegenstand und Inhalt der Verantwortung. Dieses Müssen kommt aber offenbar noch aus anderen Instanzen auf uns zu, denn die Verantwortung soll ja gleichzeitig frei sein. Sie folgt nicht dem Druck der Außenwelt, sondern unserem eigenen Antrieb. Aber wiederum auch nicht unseren Trieben und Wünschen, sondern unserem Gewissen, unserem besseren Ich, der höheren Stimme in uns. Verantwortung entspringt also aus dem, wovor wir uns verantworten müssen – Gott und das Gewissen –, aus unserem Ich, das sich verantworten muß, und aus denen, für die wir verantwortlich sind. Aus diesem Dreiecksbezug wird keiner entlassen. Er ist auch relativ leicht zu klären.

Aber welches sind die Konsequenzen der Verantwortung? Was verlangt sie von uns? Wie äußert sie sich, und welche Bestandteile hat sie?

Wenn wir darüber eindringlich nachdenken, stoßen wir wiederum auf eine Dreiheit, die man nicht trennen kann. Ihre drei Merkmale sind: Einsicht, Bindung und Engagement. Man könnte auch sagen: Kopf, Herz und Hand. Eins oder auch nur zwei dieser Merkmale reichen nicht aus, um Verantwortung zu bilden.

Eine nur intellektuelle Beziehung zu den anderen, zu Gesellschaft und Staat, ist noch längst nicht Verantwortung, ein kritischer »Spiegel«-Leser noch kein guter Staatsbürger. Eine nur gefühlsmäßige, wenn auch noch so herzliche Bindung ist gefährlich, weil sie mißbraucht werden kann und in der Gefahr ist, kritiklos zu sein. Ein dumpfes, ungezieltes und nicht an Werte gebundenes Handeln ist zu allem fähig. Handeln macht sicher den letzten Schritt der Verantwortung aus. Ohne sie bliebe sie platonisch, ein »ewiges Zielen und niemals Abdrücken«. Dieses Handeln muß durch das Gewissen an einen höheren Sinn, ein größeres Ganzes gebunden sein. Es muß aber auch Einsicht und Kritik in sich aufnehmen, muß intellektuell reflektiert und gefiltert sein. Sonst kann es mißbraucht werden. Umgekehrt genügt jedoch die Verbindung von Denken und Handeln nicht, wenn nicht verpflichtende Wertgrundsätze, die vom Wert des Menschen, den göttlichen Geboten oder den Sittengesetzen bestimmt sind, das Handeln begründen.

Und was ist schließlich eine Bindung wert, die sich wohl wacher Kritik öffnet, aber untätig bleibt und ihre Einsichten und Überzeugungen nicht in die Tat umsetzen will? Wie man es dreht und wendet: Erst wenn der Mensch als ganzer verstanden wird, kann er auch wirklich verantwortlich sein. Die Gefahr jeder Erziehung und Menschenführung liegt darin, daß sie zu einseitig bald den einen, bald den anderen Teil überbetont und die anderen vernachlässigt. So ist unsere Schulerziehung heute zu einseitig intellektuell bestimmt und läßt die Bildung des Gemütes und des Charakters, auch der praktischen Fähigkeiten sowie die Willensübung außer acht. Die Erziehung im Dritten Reich hingegen war ausgesprochen antiintellektuell und hatte ihre Gründe dafür. Sie wollte nicht den denkenden, sondern den blindlings handelnden Menschen, weil er leichter lenkbar ist.

Jede Vernachlässigung einer diese drei Komponenten ist höchst gefährlich. Das gilt auch für die Familienerziehung. Wir sollten immer darauf achten, daß wir alle drei Seiten des Menschen und der menschlichen Verantwortung in einem ausgewogenen Verhältnis sehen und sie in gleicher Weise ansprechen.

Wahrscheinlich erwachen die Gefühlskräfte zuerst und sind zuerst ansprechbar. Dann müßte auch unsere Erziehung alles tun, um in den ersten Kindheitsjahren die Gefühlsbedürfnisse des Kindes, sein Vertrauen, seinen Wunsch nach Geborgenheit und Anerkennung, nach Sicherheit und Selbstbestätigung, nach Liebe zu Menschen und Dingen, seinen Farb- und Formensinn anzusprechen und zu entfalten. Danach drängt seine Motorik, sein Bewegungsdrang zum Ausdruck. Es möchte etwas tun und auch schon tuend für etwas verantwortlich sein: für Tiere, Spielsachen, ein kleines Gärtchen. Aufgaben und Pflichten üben schon beim Kind sehr früh die praktische Verantwortung ein. Erst allmählich setzen sich auch die intellektuelle Einsicht, die Kritik und der Drang nach geistiger im Unterschied zu einfühlender seelischer Erkenntnis durch.

Erst in der Einheit aller drei Wesensschichten sind wir ganz Mensch und werden wir zur Verantwortung auch in Staat und Gesellschaft fähig.

Verliebtheit

Im Mai 1822 fragt ein Freund den fast 73jährigen Goethe, wie es ihm gehe. »Schlecht«, ist seine Antwort, »denn weder bin ich verliebt, noch ist jemand in mich verliebt.« Verliebt zu sein war für ihn ein Lebenselixier, ein Stimulans, ein Vitamin.

Ist es das nicht für uns auch? Dieses Gefühl der Faszination durch einen Menschen, das Wellen der Erregung durch Körper und vor allem Seele gleiten läßt, den Puls steigert, den Appetit und den Schlaf raubt, das uns wie ein Fieber ergreift und für alles andere blind und unansprechbar macht? Jedenfalls solange das angehimmelte ›Objekt‹ – so herzlos sachlich der Jargon der Psychoanalyse – unsere heißen Gefühle nicht erwidert.

Ausgelöst werden sie durch die Anmut und Schönheit eines Menschen, den Reiz seiner Bewegungen, den Klang seiner Sprache, den Zauber seiner Blicke, die uns gefangen halten mit allen Fasern der Seele und des Leibes.

Werden diese Gefühle erwidert, steigert sich die Verliebtheit in selige Höhen des Glücks. Und dann werden wir aufgeschlossen auch für noch weitere Dimensionen der Welt, für alle Reize des Augenblicks, der Natur, der Kunst: »Das Auge sieht den Himmel offen, es schwelgt das Herz in Seligkeit«, wie Schiller diesen Zustand preist. Und wer teilt nicht seinen Wunsch: »O, daß sie ewig grünen bliebe, die erste Zeit der jungen Liebe!«

Aber sie bleibt nicht ewig grünen. Im Rückblick und von der Lebenshöhe aus gesehen, ist Verliebtheit eine kurzlebige, flüchtige Verfassung. Entweder verliert man sich aus den Augen und verliebt sich irgendwann wieder in ein anderes ›Objekt‹. Oder die beiden finden sich, und der Alltag fordert zunehmend sein Recht. Davon reden wir später.

Die erste Alternative, die immer neue Verliebtheit, kann beleben – bis ins hohe Alter, kann süchtig machen auf den immer neuen Rausch, den Kick der immer neuen Begegnung. Ich spreche nicht von dem notorischen Herzensbrecher, dem reihenweisen Eroberer, dem Sexpiraten, den es natürlich auch gibt, und gar nicht selten. Ich meine den sanften Abenteurer, der in die Verliebtheit verliebt ist und sich darum auch in andere immer wieder neu verliebt. Mit jedem neuen Coup de foudre, jedem Blitzschlag ins Herz, blüht er sichtlich auf: Die Bewegungen haben nichts Schlaffes, Durchhängendes mehr, die Augen gewinnen plötzlich neuen Glanz, Haut und Haar werden glatter und schöner – er ist wirklich mit Haut und Haar verliebt.

Wie schön wäre es, wenn sich dieser Zustand erhalten ließe, wenn an die Stelle der feurigen Erregung mit der Zeit wenigstens der bleibende Glanz und die wärmende Glut einer wirklichen, umfassenden und dauerhaften Liebe treten könnte! Was ist der Unterschied?

Während Verliebtheit jäh und plötzlich ausschlägt, wächst Liebe langsam und durchläuft viele Stadien und Stufen. Sie vervollkommnet sich und braucht im Grunde ein ganzes Leben, um an ihr Ziel zu kommen. Das Ziel der Liebe ist die vollkommene Vereinigung mit dem anderen in Glück und Harmonie. Verliebtheit ist in der Tat nur die Widerspiegelung eigener Wünsche und Hoffnungen im Bilde eines anderen. Real wird er gar nicht wahrgenommen, aber er zieht die Hoffnungen und Sehnsüchte auf sich, und wenn er ihnen nur entfernt gerecht wird, steigert sich das Bild in lichte, unerreichbare Höhen, zu denen der Verliebte selig hintaumelt wie ein Falter in der ersten Frühlingssonne. Ein unendlich schöner Zustand, der alle Kräfte beflügelt, Geist und Seele weitet und zu nie gekannten Phantasien und Gefühlen befähigt.

Aber Verliebtheit hält nie lange an. Entweder findet

man sich desillusioniert auf dem harten Boden der Realität wieder mit der Erkenntnis, daß man sich im anderen getäuscht hat und auch er nur ein Mensch ist mit allen Fehlern und Schwächen. Oder Verliebtheit verwandelt sich allmählich in Liebe, in beständig-beglückende Bindung an den anderen. Diese Art Liebe ist realistisch, sie bejaht und akzeptiert den anderen, empfindet ihn dankbar als Ergänzung des Ich, das sich im Du überschreitet, erweitert, sprengt und findet. Sie äußert sich darin, daß man gern und immer wieder aufs Neue gern in der Nähe des anderen ist, daß einem die Sorge für ihn nicht Last, sondern Freude bedeutet, daß man teilnimmt, Zeit hat, zuhört, sich ausdrückt, nimmt und hingibt, ohne aufzurechnen, daß man ohne einander nicht leben möchte.

Viele Ehen kommen nicht als Ergebnis eines behutsamen Annäherungsprozesses zweier Partner zustande, sondern in einer Art hormonellen Vollrauschs. Gerade junge Leute sind in einer aufgewühlten Situation, wenn sie sich verlieben und von dem ersehnten Partner des anderen Geschlechts hingerissen und fasziniert sind.

Natürlich wäre es nicht gut, sich in dieser alterierten (oder exaltierten) Verfassung für immer zu binden. Wenn mein Eindruck nicht trügt, tut das Gros der jungen Leute dies auch gar nicht. Im Gegenteil: Sie gehen heute meist nüchtern, ja ›cool‹ an ›die Sache‹ heran. Sie wissen, daß ›die Chemie‹ stimmen muß, Freizeitinteressen, die Auffassungen über Geldausgaben, Kinderwunsch und vieles andere. Mag die Romantik dabei oft auf der Strecke bleiben – die Realistik hat auch viel für sich. Dennoch geschieht nach wie vor viel Unbewußtes, wirken psychodynamische Kräfte, die die Magnetismen der Partnerwahl bestimmen. Wir tragen ein Suchbild in uns, eine Vorstellung über den Partner oder die Partnerin, der bzw. die dann der richtige Mann oder die einzig passende Frau sein könnten oder möglichst sogar sollten. Für Biologen stellt sich das Ganze sehr einfach dar: Gesucht wird der Mann, der stark und vital ist und der Frau Schutz und gesunde Nachkommen verspricht. Umgekehrt sucht der Mann die Frau, die ihm (unbewußt natürlich) die beste Wahl zur Arterhaltung und ›Brutpflege‹ zu sein scheint. So wählen Frauen ihren Partner eher nach dem Charakter und nach dem gesellschaftlichen Status und Männer nach der erotischen Attraktivität und den gebär- und kinderaufzuchtversprechenden Sexualsignalen (von denen der Busen nur der eklatanteste ist).

Das innere Suchbild verleitet aber oft zur Illusion, wo es um das persönliche, individuelle Übereinstimmen geht. Das äußere Klischee sagt so gut wie nichts über die innere ›Kompatibilität‹ aus, also darüber, wie die beiden im Alltag und ganz persönlich nachher zusammenstimmen, also wenig über die Interessen und die Haltungen, die Überzeugungen und Grundsätze, die Erfahrungen und die Lebenspraxis, über die Fähigkeit zu Liebe und Rücksichtnahme, zu Fürsorge und Entgegenkommen – Eigenschaften also, die im Alltag eines Paares eine weitaus größere Rolle spielen.

Wir neigen dazu, in einem Zustand der Entbehrung das zu idealisieren, was wir nicht haben. Wenn wir es dann haben, sehen wir die Kehrseite der Realität und könnten schier verzweifeln, weil wir in die Falle getappt sind. Erst wenn es gelingt, sich mit der Realität zu versöhnen und zu ihr ja zu sagen, bestehen Chancen für eine ausgewogenen Kommunikation, eine realistische Partnerschaft. Ein Weiser hat einmal geraten:

>>Begehre nie ein Glück zu groß
und nie ein Weib zu schön.
Es könnte Gott in seinem Zorn
Dir beides zugestehn.<<

Zärtlichkeit

Als ob uns das kleine Wort »zart« nicht genügte, machen wir es noch weicher, anschmiegsamer: »zärtlich«. Unsere Empfindungen können hier gar nicht sanft, süß und liebevoll genug sein. Schon der Säugling fühlt die Zärtlichkeit von Anfang an durch den Hautkontakt und die weiche Stimme der Mutter. Er wird liebevoll umsorgt, gestreichelt, trockengelegt und mit zärtlichen Worten angesprochen. Er spürt die tiefe Zuneigung. Dieses Erlebnis ist lebenswichtig für ihn.

In den folgenden Jahren spürt er dieses Gefühl nicht mehr ganz so eindringlich. Der Heranwachsende löst sich von den Eltern und lehnt zärtliche Berührungen ab. Sobald die Pubertät einsetzt und die ersten erotischen Kräfte im Jugendlichen erwachen, keimt auch wieder das Verlangen nach Zärtlichkeit auf, das sich nun aber auf den künftigen Liebespartner bezieht. Liebespartner sind unerschöpflich darin, die Beweise ihrer Liebe durch Zärtlichkeiten zu geben und zu nehmen. Wie der Säugling einst auf die Mutter bezogen war, so sind Liebende zeitweise ausschließlich aufeinander bezogen, so eng aneinander gebunden wie Mutter und Kind. Auch dies löst sich mit der Zeit, gibt der Beziehung aber doch, wenn sie gut ist, einen Unterstrom von Urvertrauen und Verbundenheit, den sie dringend braucht und der mit Gesten der Zärtlichkeit immer wieder neu bestätigt werden sollte.

In der allgemeinen Diskussion über die Sexualerziehung wird häufig vergessen, daß der wichtigste Weg der Vorbereitung junger Menschen auf Liebe, Ehe und Elternschaft das miterlebte Glück der eigenen Eltern ist. Die Institution Ehe könnte für junge Leute attraktiver sein, wenn sich nicht so viele Eltern ihrer Erotik schämen zu müssen meinten.

Zärtlichkeit können wir erlernen, können sie spielerisch erleben, um unsere Fähigkeit zum Zärtlichsein zu schulen: Sind Sie noch so sanft und zart wie früher, als Sie Seifenblasen in den Himmel schickten? Denken Sie an Ihre zärtliche Stimmung, als Sie als Kind mit einem kleinen Kätzchen geschmust haben.

Zärtlichkeit ist kein Ziel, sie ist Selbstzweck. Sie setzt totale Entspannung voraus. Auch bei uns gibt es seit mehreren Jahren Selbsterfahrungsgruppen – so genannte »Schulen der Zärtlichkeit«. Hier wollen Menschen durch Berührungen und Körperkontakte lernen, ihre verkrampften Gefühle zu lösen und zu entspannen. Ein immer häufiger geübter Versuch, den Menschen aus seiner Vereinsamung herauszuholen und ihm ein Gefühl der Geborgenheit und des Vertrauens zu vermitteln.

Zärtlichkeit hat viele Gesichter. Sie braucht die Worte nicht, um sich auszudrücken. Streicheln ist die unmittelbarste Form, einer zärtlichen Stimmung Ausdruck zu geben. Fast jede Berührung enthält eine Botschaft. Sie kann sinnlich sein, aber auch Trost und Freude spenden, Vertrauen vermitteln oder beruhigen.

Nur aus einer herzlichen Zuneigung kann Zärtlichkeit erwachsen, wir nennen sie Liebe. Unzählige alte Menschen leiden darunter, niemanden zu haben, von dem sie ab und zu einmal gestreichelt werden. Zärtlichkeit hat in jedem Lebensalter einen hohen Rang. Wenn die Sehnsucht nach Zärtlichkeit nicht mehr erweckt und erwidert wird, vereinsamen wir, und unsere Lebenserwartung verringert sich – von Lebensglück gar nicht zu reden.

Wir wissen heute, daß körperliche Berührungen geradezu überlebenswichtig sind. So, wie sie beim Säugling das Wachstum fördern, helfen sie dem alten Menschen buchstäblich das Leben verlängern. Durch Berührungen werden Hormone freigesetzt, die in uns ein Gefühl der

Behaglichkeit und Geborgenheit vermitteln. Zärtlichkeiten können beruhigen und ausgleichen. Bei Befragungen stellte sich heraus: Das Bedürfnis nach Zärtlichkeit ist bei Frauen viel größer als bei Männern. Auch medizinische Untersuchungen haben bestätigt, daß Frauen gegenüber Berührungen empfänglicher sind. In der Haut einer Frau liegen weit mehr empfindliche Nervenenden als in der Haut eines Mannes.

Aber auch ein Mann würde auf die Dauer unglücklich, wenn er in seinem Leben nie mehr »Streicheleinheiten« bekäme. Oft ist es schon beglückend, wenn einer einem den Arm um die Schulter legt, mit der Hand über den Unterarm streichelt, einen mit Lächeln begrüßt, einem übers Haar streicht oder an sich drückt wie ein Kind. Schließlich sind wir in unseren Gefühlen noch Kinder und behalten lebenslang kindliche Bedürfnisse – vor allem das nach Kontakt, Aufmerksamkeit, Zärtlichkeit und Liebe. Dies ist bei einem Achtzigjährigen im Prinzip nicht anders als bei einem Acht- oder Achtzehnjährigen.

Die Zärtlichkeit, die von uns Menschen ausgeht und die wir weitergeben, ist vielleicht das kleinste Teilchen von der Kraft, die alles vereint, uns Menschen und das Leben. Alles Irdische ist zwar gleichzeitig getrennt und gesondert, doch kann die Zärtlichkeit eine Verheißung sein. Diese Ahnung läßt die Menschen unaufhörlich zueinander treiben und sich nacheinander sehnen mit immer wiederkehrenden Enttäuschungen und neuem Suchen.

Auch von der Ahnung der göttlichen Liebe steckt etwas in unserer Zärtlichkeit. Sie hat unsere Welt in unbeschreiblicher Sinnlichkeit erschaffen und läßt sie in jedem Frühling neu erblühen. Wir können unsere Zärtlichkeit als Gleichnis betrachten für die Gefühlsstärke eines zärtlichen Gottes. Er hört nicht auf, uns zu suchen und zu ersehnen. Dieses Suchen und Sehnen hat er uns ins Herz gegeben.

Zeit haben

Warum geben wir uns den Anschein, als hätten wir keine Zeit, wo doch jedem – unübertroffen gerecht – täglich vierundzwanzig Stunden zur Verfügung stehen? Der Weg zur Arbeit beansprucht zunehmend mehr Zeit. Für viele sind es zwei Stunden und mehr. Nach der Arbeit lockt ein vielseitiges Freizeitangebot, das Fernsehprogramm diktiert, was am Abend geschieht, die Kinder erwarten mehr Zuwendung als früher – insgesamt wird das Programm der Pflichten und Vergnügungen immer umfangreicher, die Zeit aber ist nicht dehnbar. Wer Herr seiner Zeit sein oder werden will, muß verzichten lernen, muß Prioritäten setzen und entscheiden, was ihm wichtig ist und was nicht.

Sind es zu viele Dinge, die wir unerledigt vor uns herschieben, steigt in uns ein sehr gefährliches Gefühl auf: Ich schaffe es nicht. Nicht mehr den Anforderungen gewachsen zu sein, die an uns gestellt werden, führt über den Zeit- und Leistungsdruck zur Verwahrlosung der Seele, zu einem Chaos in uns. Wir haben dann nicht nur zu viele Termine wahrzunehmen, wir vergessen auch einige. Ich schaffe es nicht – das ist der Beginn des Weges in einen Teufelskreis.

Die Zeit, in der wir etwas hinter uns bringen und etwas vor uns haben, müssen wir zusätzlich strukturieren. Die meisten Menschen treten auf der Stelle, weil sie ihrer Zeit keine Konturen geben und in ihr nur die »ewige Wiederkehr des Gleichen« (Nietzsche) erkennen. Erfolgreiche Leute verfügen dagegen meist über die Fähigkeit, den Komplex Zeit und den Komplex Termine und Aufgaben chronologisch so zu ordnen, daß schon in der Planung die Voraussetzungen für gutes Gelingen geschaffen sind.

Wer das Diktat der dahineilenden Zeit erträglich gestalten will, sollte nicht auf Planung verzichten, unterteilt in den langfristigen, den mittelfristigen und den kurzfristigen Zeitplan. Fernziele sind zum Beispiel, ein Studium zu beenden, eine Fremdsprache oder ein Instrument spielen zu lernen, für ein eigenes Haus zu sparen, es zu planen und zu bauen. Es empfiehlt sich, eine Checkliste mit Fragen anzulegen, die Aufschluß darüber geben, ob es überhaupt sinnvoll ist, ein so weit gestecktes Ziel anzusteuern.

So belanglos dies auch erscheinen mag: Der Mensch ist glücklicher und zufriedener und seine Motivation zu gezielter Zeitplanung größer, wenn er Dinge als erledigt abhaken kann und mit jedem neuen Haken das so wichtige Erfolgserlebnis des »Ich habe es geschafft« in sich aufnimmt. Dies steigert nicht nur Mut, Zuversicht und Selbstvertrauen, sondern tatsächlich auch die Fähigkeit, den nächsten Schritt zu schaffen.

Ein kurzfristiger Zeitplan konzentriert sich in aller Regel nur auf einen Tag unter Berücksichtigung des eigenen Tagesrhythmus. Ein solcher Plan, morgens aufgestellt und dann nach und nach erledigt, befreit uns von dem Gefühl, nicht genügend gearbeitet zu haben. Er ist auch unserer Gesundheit dienlich, weil mit ihm die ganze Last des Tages in lauter kleine Einzelstücke zerlegt wird. Magen- und Herzbeschwerden bleiben aus, wenn wir nicht mehr unter Zeitdruck stehen und unter der Vorstellung leiden: »Ich schaffe es nicht.«

In keinem Zeitplan sollte die Pause vergessen werden, jeweils ein Fünftel bis ein Viertel der vorangegangenen Arbeitszeit. Ohne diese Pause wird, wie Arbeitsphysiologen erkannt haben, die nächste Anstrengungsphase ein weniger gutes Ergebnis bringen. Es ist daher unsinnig, die Pause als unproduktive Zeit zu bewerten.

Leider gehört es heute ein wenig zum guten Image, keine Zeit zu haben. Wer auf sich hält, gibt vor, für nichts als die Arbeit Zeit zu haben. Nach Meinung des Direktors der psychosomatischen Abteilung des Hamburger Universitätskrankenhauses, Adolf-Ernst Meyer, deuten die Betreffenden mit dem Hinweis auf Zeitmangel dreierlei an:

- Ich bin ein armes Opfer meines Berufes und der damit verbundenen vielseitigen Verpflichtungen. Habt Mitleid mit mir.
- Ich bin ein wichtiger Mensch, eigentlich unentbehrlich und natürlich sehr gefragt.
- Natürlich habe auch ich »höhere Interessen« für die weniger profanen Dinge des Lebens, aber die böse Welt läßt sie mich nicht genießen, sie gönnt sie mir nicht.

Mancher wird sich, wenn er diese drei Punkte gelesen hat, demaskiert fühlen. Sei's drum! Fangen Sie morgen, wenn Sie unter Zeitdruck zu stehen meinen, damit an, Strukturpläne für Ihre Zeit zu entwerfen. Gewöhnen Sie sich an, abhaken zu können, was erledigt ist. Und vergessen Sie nicht: Mach mal Pause!

Zwanglosigkeit

Der Zwanghafte stellt hohe Anforderungen, nicht nur an sich, sondern auch an seine Mitarbeiter. Jede kleinste Arbeit, jeder Brief und jede noch so geringe Verfügung wird von ihm penibel überprüft, abgezeichnet, damit er alles »im Griff« behält.

Er ist der Meinung, nur so könne er den Ablauf übersehen; gewissenhaft und untadelig, fehlerlos und perfekt muß alles sein, sonst packt ihn eine innere Unruhe, die sich schnell in eine fast unerträgliche Erregung steigert.

Oftmals weiß er selbst, daß sein Perfektionismus übertrieben, seine Vorsichtsmaßnahmen grundlos sind und ihn unnötige Kraft und Nerven kosten – und doch kommt er nicht dagegen an.

Wie kann man solchem Zwang mit Vernunft begegnen, damit man nicht ganz zum Sklaven seiner unnützen und übertriebenen Gewohnheiten wird?

Das Wort »zwanglos« könnte zum Zauberwort für Fröhlichkeit, Lebensfreude, Unbeschwertheit, Beschwingtheit werden, aber es gibt sie reihenweise, die Zwänge, die unser Leben begleiten. Darüber nachzudenken lohnt sich nur, wenn man gewillt ist, einige bedeutungslose davon abzubauen, um dadurch leichter, freier, glücklicher zu werden.

Wer könnte uns denn zwingen, einem zu hoch gesteckten Ziel nachzujagen, das uns auslaugt, entmutigt, wenn wir es nicht wollen?

Warum unterwerfen wir uns Klassen- und Rassenordnungen, die uns einengen, die belastend und deprimierend sind, wenn wir doch genau wissen: Vor Gott sind alle Menschen gleich?

Aus welchem Grund lassen wir uns zwingen, Dinge zu sagen oder zu tun, Ordnungen und Richtlinien einzuhalten, die uns gegen die Natur gehen?

Um unser Leben nicht weiterhin von diesen von außen kommenden Zwängen beeinflussen und einschränken zu lassen, müssen wir sie erkennen und nach eigenem Gutdünken ablegen oder auch beibehalten.

Unruhig ist es um uns herum mehr als genug, und Belastungen sind wir auch täglich ausgesetzt, also gilt es, unnütze, quälende Gewohnheiten und Zwangsgedanken durch kritische Selbstbeobachtung zu erkennen und mit folgendem Punkteplan zu bekämpfen:

- Irgendwas geht immer schief. Sonst wäre das Leben vollkommen, und das ist es nicht.
- Niemand ist perfekt, und perfekte Menschen sind unerträglich. Es ist menschlicher, unvollkommen zu sein und Fehler zu machen.
- Wenn diese Einsicht nicht genügt, baue ich einmal bewußt kleine Fehler und Unvollkommenheiten ein und schaue mir dabei zu. Sehen Sie: Es ist gar nicht so schlimm.
- In einer etwas lässigeren Umgebung lebt es sich wohnlicher. Mag ein Büro durch Ordnung und Nüchternheit glänzen – eine Wohnung gewinnt Behagen auch dadurch, daß etwas herumliegen darf.
- Statt uns von Kleinigkeiten beherrschen zu lassen, richten wir den Blick auf das größere Ganze und nehmen die kleinen Dinge und ihre Zwänge nicht so wichtig, um dafür das Leben selbst um so wichtiger zu nehmen.

Wir würden einen großen Schritt nach vorne zum allgemeinen Wohlbefinden tun, wenn es uns gelänge, etwas entkrampfter, auch formloser, insgesamt zwangloser mit uns selbst, den Mitmenschen und dem Leben überhaupt umzugehen. – Wir können es jeden Tag von neuem probieren.

Zweifel

Wer zweifelt, stellt eine Wahrheit, die Gültigkeit beansprucht, in Frage. Aber er verneint oder widerlegt sie auch nicht. Er ist sozusagen zweigeteilt: kann sein – kann auch nicht sein. Im Zweifel steckt die Zwei – wie in Zwiespalt oder in Entzweien oder Zwist. Wer zweifelt, kommt leicht zur Entzweiung oder gar in Zwist mit denen, die unangefochten glauben. Ich habe das selbst zu spüren bekommen, wenn ich in esoterischen Kreisen meine Zweifel an Ufos oder an Astrologie äußerte. Mitunter hat mein Zweifel mich für immer entzweit.

So kann es einem auch in bestimmten christlichen Kreisen gehen: Wie kannst du an der Jungfrauengeburt oder an der Himmelfahrt oder an der Verbalinspiration zweifeln!

Ja, weshalb? Weil ich *wissen* möchte, und dieses Bestreben gerät oft genug zum Glauben in Widerspruch. Im Mittelalter bestimmte der Glauben Weltbild und Weltanschauung. Stellt er heute noch diesen Anspruch, gerät er fast zwangsläufig mit dem Wissen in Konflikt – und verliert. Es wäre eine Geringschätzung des Wissens und der Wissenschaft, wollte man Fragen wie den Aufbau des Kosmos oder die Abstammung des Menschen durch Glaubensaussagen lösen. Hier hat sicher der jüdische Theologe Pinchas Lapide recht: Man kann die Bibel ernst nehmen, oder man kann sie wörtlich nehmen. Ich möchte sie ernst nehmen. Darum darf, ja muß ich an vielem zweifeln – um des Glaubens willen.

Zweifel muß nicht destruktiv und glaubensgefährdend sein, er kann auch bewegen und beleben und »die Pforten der Hölle sprengen«. Setzt man für Hölle Unwissenheit, Finsternis, Blindheit ein und macht man sich klar, daß mit dem Zweifel Freiheit, Demokratie und wissenschaftlicher Fortschritt ihren Anfang nahmen, dann sollte man den Zweifel nicht verdächtigen und verdammen, sondern adeln!

Von Immanuel Kant, dem großen Aufklärer und zugleich gläubigen Menschen, stammt der Ausspruch: »Ich muß das Wissen aufheben, um zum Glauben Platz zu bekommen.« Der Begriff des Glaubens aber ist ein anderer geworden: Er ist nicht mehr höchste Autorität in Wissensfragen, sondern – und das macht ihn wichtiger, ja unersetzlich – in Sinnfragen.

Glauben heißt jetzt nicht mehr: nicht wissen, sondern: vertrauen, sich anvertrauen. Wenn ich mich für einen Menschen entscheide, kann ich nicht wissen, ob er der Richtige für mich ist, aber ich vertraue fest darauf. Ich weiß nicht, ob meine Arbeit einen Sinn hat, aber ich glaube daran. Glaube, wie ich ihn verstehe, ist die elementare Zuversicht, daß Gutes in uns, um uns und über uns waltet, daß Gutes sich lohnt – nicht, weil es belohnt wird, sondern um seiner selbst willen. Dazu muß ich nicht jeden Satz des Credo und der Bibel wörtlich nehmen, ich darf meine Zweifel haben. Aber um so mehr vertraue ich darauf, daß ich geliebt werde, daß ich Hoffnung und Zukunft haben darf, daß mein Tun sinnvoll ist. Gelegentlich habe ich natürlich auch daran Zweifel, und solche Zweifel können lähmen und destruktiv wirken. In solchen Zeiten verliert die Welt ihren Glanz. Alles erscheint grau in grau. Nichts schwingt und klingt, nichts strahlt und leuchtet. Dann ziehe ich mich zurück, denke nach, meditiere und warte, hoffe, daß die Wolken sich wieder öffnen und ein Strahl vom Himmel mich wieder trifft. Ich weiß ja auch in Regenzeiten, daß die Sonne nicht verschwunden, sondern nur verborgen ist. Das eine weiß ich – des andern bin ich gewiß – mitten in allem Zweifel, dessen ich mich nicht schämen muß, selbst wenn er mich an der Wurzel trifft.

Ich bin sicher, daß Glaube und Zweifel zusammengehören und zusammen die Energie bilden, die allem Phantasieren und Planen, allem Wollen und Vollbringen zugrunde liegt.

Allerdings gibt es auch einen destruktiven Zweifel, den Zweifel um des Zweifelns, nicht um der Wahrheit willen. Wer mit ihm geschlagen ist, ist arm dran. Er läßt grundsätzlich nichts gelten, glaubt an gar nichts und niemand, vor allem nicht, daß jemand es gut mit ihm meinen könnte. Er fühlt sich immer zu kurz gekommen, als Opfer des Schicksals, als Verlierer. Vielleicht – aber durchaus nicht immer – steht ein schweres Lebensschicksal dahinter, ein negatives Lebensgefühl, das kein positives Glaubensgefühl zuläßt. Hier wird der Zweifel nicht mehr zum konstruktiven Instrument der Wahrheitsprüfung und Wahrheitsfindung, sondern zu einem Mittel der Selbstzerstörung. Wenn ich so etwas an mir feststelle, heißt es: Heraus aus der tödlichen Spur! Einmal wenigstens Vertrauen fassen. Glaube, sagt Luther einmal, heißt: aus dem Schatten des Hauses in das Licht der Sonne zu springen. Ohne diesen Sprung über alle lähmenden Zweifel hinweg geht es in der Tat irgendwann nicht. Abgrund oder Ufer – habe ich noch Zweifel, wohin ich will? Aber selbst der Abgrund hat noch einen Grund. Daran glaube ich.